DAS ENDE DER EGO-GESELLSCHAFT

NINA APIN

DAS ENDE DER EGO-GESELLSCHAFT

WIE DIE ENGAGIERTEN
UNSER LAND RETTEN

BERLIN VERLAG

MIX
Papier aus verantwortungsvollen Quellen
FSC® C083411

Umschlaggestaltung: ZERO Werbeagentur, München
Typografie: Birgit Thiel, Berlin
Gesetzt aus der Chaparral von Greiner & Reichel, Köln
Druck und Bindung: CPI – Clausen & Bosse, Leck
Printed in Germany

ISBN 978-3-8270-1159-6

Für Sebastian

Inhalt

Das unsichtbare Netz

Früher Freitagmorgen. Ich sitze auf einem Erstklässlerstuhl und warte auf »meine« Kinder. Gemeinsam mit Arbeitskollegen habe ich beschlossen, Lesepatin an einer Berliner Grundschule zu werden. Lesen ist wichtig, dachte ich, kommt aber in vielen Familien kaum noch vor. Ich selbst lese gerne, und mir als Mutter zweier Kleinkinder kann es ohnehin nicht schaden, früh die Realitäten des Berliner Schulalltags kennenzulernen. Ein Verein organisiert den Einsatz, ein Kollege koordiniert die Treffen mit der Schule. Ich muss kaum mehr tun, als einmal pro Woche früher aufzustehen und vor Arbeitsbeginn eine Schulstunde lang mit den Kindern zu lesen.

An dieser Förderschule stammen fast neunzig Prozent der Schüler aus Einwandererfamilien. Alle haben Sprachprobleme. Die Sechs- bis Neunjährigen, die gemeinsam in einer Stufe lernen, können die Buchstaben nicht erkennen, oder ihnen fehlt das Vokabular, um Texte richtig zu verstehen. Die Schule liegt in einem »sozialen Brennpunkt«.

Dabei ist das Lesen nur eines von vielen Problemen, die diese Kinder plagen. Ein Mädchen wurde mit seinen sechs Geschwistern vom Jugendamt aus einer verwahrlosten Wohnung geholt und lebt nun im Heim; ein Junge hat Diabetes und ADHS; fast alle haben Eltern, die selbst nicht sehr gebildet sind, schlecht Deutsch sprechen und sich anscheinend kaum um ihre Kinder kümmern. Als ein Siebenjähriger auf einer Bildertafel keine Salatgurke zuordnen kann, bin ich kurz davor aufzugeben. Hier fehlt es an allem – was kann ich da schon in 45 Minuten pro Woche ausrichten?

Dass ich bleibe, liegt an Nadine und Mehmet. Das Mädchen aus dem Heim ist trotz seiner Vorgeschichte unbeschwert, schlagfertig und schlau. Schnell macht Nadine Fortschritte, liest kleine Texte selbst und fragt mich nach allem, was sie noch nicht kennt: Wie es am Meer sei, ob es schwer sei, zu studieren, ob es sich lohne, ein Baby zu kriegen. Mehmet ist schwieriger. Er hat Mühe, sich fünf Minuten am Stück zu konzentrieren, dann wird er aggressiv. Aber er will unbedingt lesen lernen.

Zu Weihnachten schenkt mir Nadine einen selbst bemalten Porzellanuntersetzer. »Für meine Lesepartnerin«, steht da in krakeliger Schrift. Es ist ihr Abschiedsgeschenk.

Das Jugendamt verlegt sie und ihre Geschwister kurzfristig in ein Heim am anderen Ende der Stadt. Ich baue mit den verbliebenen Kindern weiter Anlautpyramiden und bringe Bücher mit, die ich zu Hause mit meiner dreijährigen Tochter lese. Monatelang geht es nicht vorwärts. Dann liest Mehmet plötzlich unfallfrei das Wort »Erdumlaufbahn« – und kann mir sogar erklären, wie ein Raketenantrieb funktioniert. Und Selma hat gelernt, das »d« vom »b« zu unterscheiden.

Manchmal komme ich, und die Kinder sind weg – beim Schwimmen oder draußen. Und die Lehrerin hat vergessen, mir Bescheid zu sagen. Manchmal sind meine »Kandidaten« krank – dann lese ich den anderen einfach irgendetwas vor. Hauptsache, ich schenke jedem Kind einige Minuten ungeteilte Aufmerksamkeit – ein Luxus, den die Lehrerin nicht bieten kann. Sie ist vor allem damit beschäftigt, die Kinder in Schach zu halten.

Vor und nach den Stunden ist eine Art Hilfslehrerin im Raum, die die Kinder eigentlich nur anschnauzt oder herumbrüllt. Der Umgangston ist rau. Aber die Lehrerin beruhigt: Nicht in allen Grundschulen sei das so. Hier gehe es hauptsächlich darum, die Schüler »beschulbar« zu machen – wenn einige an einer »normalen« Schule den Abschluss schafften, sei das schon ein Erfolg. Mit »normale Schule« ist die Gemeinschaftsschule um die Ecke gemeint, mit »Abschluss« der Hauptschulabschluss. Von mehr zu träumen erlaubt sich selbst diese engagierte Lehrerin nicht.

Dabei fehlt es den meisten Kindern ganz offensichtlich nicht an Intelligenz, sie haben nur die denkbar schlechtesten Voraussetzungen. Ich frage mich, wie sich das Heimkind Nadine oder der verhaltensauffällige Mehmet in einer anderen Umgebung entwickelt hätten.

Mir wird aber auch klar, dass Schule nicht alles leisten kann. Die Schule, die ich als Lesepatin kennengelernt habe, ist gut ausgestattet: Es gibt dort ein Schwimmbad und einen Abenteuerspielplatz, gesunde Pausensnacks, Elternfrühstücke und Familienberatung. Aber die Eltern nutzen diese Angebote kaum. Sie parken ihre Sprösslinge vor dem Fernseher, die Lehrerin erzählt mir, dass in vielen

Familien kaum miteinander gesprochen werde. Der Job, den ich als Lesepatin habe, besteht also vor allem darin, ganz zweckfrei zuzuhören und zu erzählen. Etwas, das ich bis dahin für selbstverständlich gehalten habe.

Bundesweit gibt es inzwischen rund dreihundert Lern-, Sprach- und Lesepaten-Initiativen. Sogar Freizeitpaten: Die gehen mit den Kindern Fußball spielen und ins Museum, lassen sie an gesellschaftlichen Ereignissen teilnehmen, die ihnen sonst verschlossen blieben. Die Idee stammt ursprünglich aus den USA. Weil das Patenschaftsmodell so leicht verständlich und einfach umzusetzen ist, hat es sich schnell verbreitet und ist eine der größten Freiwilligeninitiativen der letzten Jahrzehnte geworden.

Die Paten könnten mit ihrer Arbeit ebenso gut Geld verdienen: Schließlich bieten sie das an, was die bürgerliche Mitte für ihre Kinder in Form von Dienstleistungen in Anspruch nimmt. Mittelschichtseltern sind nicht per se die besseren Eltern, sie können nur besser delegieren, zum Beispiel an professionelle Nachhilfeinstitute, Musikschulen und Sportvereine. Und sie können diese Dienstleistungen bezahlen. Benachteiligten Kindern wie Nadine und Mehmet bleiben nur die Leistungen aus dem staatlichen Bildungspaket: ein paar Stunden Musikunterricht, ein Zuschuss zur Klassenfahrt und etwas Nachhilfe – aber nur so viel, wie das Jobcenter bezahlt.

Als ich in Elternzeit gehe, höre ich auf mit dem Lesen. Ich schicke den Kindern ein Foto meines neu geborenen Babys. Daraufhin kommt per Post ein großes buntes Leporello, auf das jedes Kind einen Wunsch für mein Baby geschrieben hatte: »Dass du gut Türme bauen kannst. Dass du nicht krank wirst. Dass du schön bist.« Ich bin gerührt.

Wenig später erfahre ich, dass die Lesepatenschaft zum Erliegen gekommen ist – viele Kollegen finden es zu anstrengend, das Lesen mit ihrem Berufsalltag zu vereinbaren. Einige zweifeln auch daran, dass ihr Einsatz irgendetwas bewegen kann.

Und doch sind wir uns alle einig: Für die Kinder hat sich jede Minute gelohnt.

*

Mein Einsatz als Lesepatin war nur ein kurzer Ausflug in die Welt der Freiwilligenarbeit. Und keineswegs außergewöhnlich, es gibt unzählige Möglichkeiten, sich zu engagieren. Und erstaunlich viele tun es bereits, ohne große Worte zu machen. Jeden Tag geben hierzulande Studenten Migrantenkindern Nachhilfe, Gutverdiener verteilen Lebensmittel an Bedürftige, Jugendliche lesen Sterbenden vor, Manager beraten in ihrer Freizeit Schuldner, Rentner fahren Bürgerbusse, und Arbeitslose leiten ganze Gemeinden. Sie alle machen es gratis, nebenher und nur für die Ehre. Und sie werden immer mehr. Was wir gerade erleben, ist nichts weniger als die Geburt einer neuen sozialen Bewegung, die unser Land verändert.

Deutschland ist dabei, ein Land der Kümmerer zu werden.

Das ist verwunderlich. Denn aus Zeitungsredaktionen und Universitäten hören wir regelmäßig Klagen darüber, dass unserer Gesellschaft der Zusammenhalt fehle. Wir sind, so war es zuletzt bei Frank Schirrmacher zu lesen, ein Volk von kaltherzigen Egoisten. In allen Lebensbereichen schielen wir allein auf den eigenen Vorteil. Und tragen noch nicht einmal Verantwortung dafür – denn wir folgen nur, ohne es zu merken, dem gnadenlosen Algorithmus eines globalen Informationskapitalismus. Sogar dann noch, wenn wir glauben, selbstlos zu handeln, eifern wir – unbewusst – dem Werbemotto aus der Finanzindustrie nach: »Unterm Strich zähl ich«.

Wäre Geld tatsächlich die einzige Währung, die uns interessiert, dann dürfte es sie eigentlich gar nicht geben: Freiwillige, die ohne Bezahlung Sportler trainieren, Fledermausbrutkästen bauen, Kindern vorlesen.

Es gibt sie aber. Sie sind mitten unter uns. Sie arbeiten in Vereinen, Kirchen, Hilfsorganisationen oder öffentlichen Einrichtungen mit – die meisten von ihnen bis zu fünf Stunden in der Woche. Laut aktuellem »Freiwilligensurvey« engagieren sich in Deutschland mehr als 23 Millionen Menschen ehrenamtlich. Das sind 36 Prozent der Bevölkerung über 14 Jahre. Und zwei Millionen mehr als noch vor zehn Jahren.

Der Begriff »Engagement« umfasst dabei ganz unterschiedliche Tätigkeiten: etwa als Schöffe, als Kassenwart eines Skatvereins oder als Klimaschutz-Aktivistin. Ein Anwalt, der pro bono Klienten berät, ist damit genauso gemeint wie eine Stiftung, die sich für sozialen Wandel einsetzt – oder eine Bürgerinitiative, die ein Bahnhofsprojekt verhindern will.

Es scheint, als hätten wir Deutschen, lange auf Selbstverwirklichung und den eigenen Vorteil gepolt, die Solidarität neu entdeckt. Im Angesicht der permanenten Finanz- und Wirtschaftskrise besinnen wir uns auf das, was wirklich zählt: Zusammenhalt. Könnte das neue Füreinander und Miteinander vielleicht sogar mehr sein als nur ein Krisenreflex? Etwa eine bewusste Trotzreaktion auf die Ökonomisierung unserer Lebenswelt? Man handelt einmal ganz ohne Geldwert und Eigennutz, freut sich am Glück des anderen und fühlt sich gut dabei – Deutschland, ein Land der Selbstlosen?

Dann wäre ja alles in Ordnung. Die Fakten sehen anders aus. Der neueste Armuts- und Reichtumsbericht belegt ein krasses Auseinanderdriften der sozialen Schichten: Die reichsten zehn Prozent der Deutschen verfügen über mehr als die Hälfte des Gesamtvermögens – den unteren fünfzig Prozent bleibt gerade mal ein Prozent.

Immer mehr Deutsche bleiben arm trotz Arbeit, weil sich der Arbeitsmarkt unter dem Druck des Wettbewerbs flexibilisiert bis über die Schmerzgrenze. Arm wird auch der Staat, besonders in Städten und Gemeinden werden die Kassen immer leerer. Dazu kommt noch der demographische Wandel: Weil unsere Gesellschaft altert, müssen künftig wenige Nachkommen die Lasten von Renten-, Pflege- und Sozialkassen schultern.

Und weil die Spannung im Land schon fast mit Händen zu greifen ist, aber niemand weiß, wie man Abhilfe schafft, versuchen sich alle noch mehr anzustrengen: immer verfügbar sein, dem Leistungsdruck standhalten, bloß nicht abrutschen. Bereits Schulkinder werden in einen engen Stundenplan gepresst, um den Anforderungen von morgen gerecht zu werden. Berufstätige müssen zusehen, dass sie mithalten können – möglichst bis zur Rente mit 67. Und wer keine Arbeit hat, versucht, wieder zurück ins Zentrum der Gesellschaft zu kommen. Wenn er nicht schon längst aufgegeben hat. Deutschland, Land der Abstiegsängste.

In diesem rauen Klima verrichten über zwanzig Millionen Ehrenamtliche trotz allem ihr gutes Werk. Warum? Geht es ihnen noch zu gut? Wer sind diese Engagierten, die Schirrmacher mit seinem düsteren Egoismus-Szenario täglich Lügen strafen?

Tatsächlich zeigt der aktuelle »Freiwilligensurvey« der Bundesregierung, dass die Bereitschaft zum Engagement mit steigendem Bildungsgrad und Einkommen zunimmt. In Gegenden, in denen Wohlstand herrscht, gibt es deutlich mehr Freiwillige, in ärmeren Regionen wie den neuen Bundesländern engagieren sich viel weniger Menschen. Forscher erklären das Ost-West-Gefälle mit der höheren Arbeitslosenquote und dem hohen Anteil an Geringverdienern im Osten.

Engagiert ist, hier wie dort, die gut gebildete und finanziell meist abgesicherte Mittelschicht. Diese Gruppe spendet Zeit und Geld für Hilfsbedürftige, bringt sich aktiv in Parteien, Gesundheits- und Sozialverbände ein, sie trägt das deutsche Vereinswesen.

Entscheidend ist dabei die subjektive Überzeugung, selbst etwas verändern zu können. Den meisten »Bildungsfernen« und Langzeitarbeitslosen fehlt genau diese Überzeugung: Sie fühlen sich sozial ausgegrenzt und ohnmächtig gegen »die da oben« – und sind an politischen Themen eher desinteressiert.

Die »Aktivbürger«, wie sie von Politikern bisweilen leicht ironisch genannt werden, trauen sich derweil immer mehr zu: Jedes Jahr gründen sie zehn- bis fünfzehntausend neue Vereine, schließen sich zu Nachbarschaftsinitiativen und Bürgerplattformen zusammen, gründen Bürgerstiftungen. In einigen Gemeinden übernehmen

Bürger bereits Teile der öffentlichen Infrastruktur wie Bibliotheken und Schwimmbäder. Damit stoßen sie in Bereiche vor, die bislang dem Staat vorbehalten waren.

Manchmal engagieren sich Menschen, weil die eigentlich Verantwortlichen versagen: Wenn eine Mutter, die wieder arbeiten gehen will, nirgends einen Betreuungsplatz für ihr Kind findet, schließt sie sich notgedrungen mit anderen Eltern zusammen und gründet eine Elterninitiative. Wenn das einzige Schwimmbad im Ort geschlossen werden soll, weil die Gemeinde kein Geld mehr für den Unterhalt hat, springen die Bewohner eben selbst ein. Wenn in einer Stadt günstiger Wohnraum knapp wird, weil Investoren Wohnungen aufkaufen und als Ferienwohnungen vermieten, bilden Bürger dagegen eine Initiative und sammeln Unterschriften.

Gibt es also deshalb so viele Engagierte, weil in unserem Land so vieles im Argen liegt?

Gewerkschafter und Anhänger eines starken Sozialstaats glauben genau das. In ihren Augen ist Ehrenamt ein billiger Lückenbüßer für einen Sozialstaat im Sparmodus. Dass es so viele ehrenamtliche Lesepaten, Sterbebegleiter oder sogar ehrenamtliche Standesbeamte gibt, halten sie für den Beweis, dass unser Gemeinwesen von der Sparwut der Politiker und dem leidigen Effizienzdruck der Wirtschaft allmählich aufgefressen wird. Unterm Strich zählt nur, was sich lohnt – nach diesem Credo werden unrentable Bereiche wie Altenpflege oder Armenfürsorge in die Hände von freiwilligen Helfern gegeben.

Hat Schirrmacher also doch Recht? Hat unsere von Egoismus getriebene Gesellschaft das Solidarische delegiert an eine kleine Minderheit, die Gutes tut und dafür von allen bewundert wird – damit die Mehrheit weiter ungestört ihrer Selbstsucht frönen kann?

Dafür sind die Freiwilligen zu viele: ein Drittel der Bevölkerung, das ist keine Minderheit. Es stimmt zwar, dass freiwilliges Engagement viele Härten auffängt, die eine unsoziale Politik verursacht hat. In einem gerechteren Schulsystem müsste es vielleicht nicht so viele Lesepaten geben. Und das gespendete Mittagessen für Kinder aus armen Familien wäre überflüssig, wenn ein Schulessen für alle gratis angeboten würde. Doch wir sind weit davon entfernt – wie Kritiker des Ehrenamts befürchten –, in angeblich »amerikanische Verhältnisse« abzurutschen. In den USA fühlt sich der Staat traditionell kaum für die elementare Absicherung seiner Bürger zuständig: ohne freiwilliges Engagement würden dort sogar Krankenhäuser und Universitäten zusammenbrechen. (Dabei ist es allzu simpel, überhaupt pauschal von »amerikanischen Verhältnissen« zu sprechen. Dieser politische Kampfbegriff ist kaum hilfreich für die Beschreibung einer Gesellschaft, die nicht nur aus einem schwachen Staat, sondern eben auch aus einer starken Bürgerschaft besteht. Dass aus den USA viele wichtige Impulse für die Freiwilligenarbeit kommen, wird sich im Folgenden immer wieder zeigen.)

Wer die Engagierten als bloße Helfer oder Ausputzer abtut, macht es sich zu leicht. Der Feuerwehrmann oder die Caritas-Spendensammlerin mögen helfend tätig sein, aber was ist mit der Anti-Fluglärm-Aktivistin oder dem urbanen Gärtner? Auch diese Engagierten sind Bürger, die selbstbestimmt ihr Lebensumfeld gestalten wollen. Ins Bild vom Lückenbüßer passen sie aber nicht so recht.

Nicht einmal der verbohrteste Gewerkschafter käme auf die Idee, staatlich finanzierte Nachbarschaftsgärten zu fordern.

Der urbane Gärtner und die Nachbarin, die für ein Nachtflugverbot über ihrem Reihenhaus kämpft – das könnten doch genau die »Aktivbürger« sein, die sich Anhänger des politischen Liberalismus wünschen. All diejenigen, die nicht mit Grausen, sondern mit Bewunderung auf angeblich »amerikanische Verhältnisse« blicken.

Verfechter einer Kultur der Eigenverantwortung wollen auch hierzulande mehr Bürger, die das eigene Schicksal selbst in die Hand nehmen, statt nach dem Staat zu rufen. Dieser soll sich nach ihrem Gesellschaftsverständnis möglichst zurückhalten, er soll die Bürger lediglich »aktivieren« und »Hilfe zur Selbsthilfe« geben. Ihre Angelegenheiten regeln die Menschen dann untereinander – unbehelligt von einem bevormundenden »Vater Staat«. Dieser könne einfach nicht mehr alles leisten – da müssen die Bürger eben einspringen. Und zwar dort, wo man sie braucht, also bei der Feuerwehr, in der Wohlfahrt und der Pflege. Und lieber nicht demonstrierend vor Senatskanzleien, Bahnhofsbaustellen oder knietief im Blumenbeet. Tatsächlich ist im neuen Engagementbericht der Bundesregierung die Rede von einer »Bürgerpflicht« zum Ehrenamt – Freiheit zum Engagement ist damit wohl nicht gemeint.

Wenn man sich die Rolle und das Selbstverständnis der neuen Freiwilligen anschaut, dann gelten die alten Reflexe nicht mehr: Weder sind die Engagierten nur Lückenbüßer für einen Staat im Sparmodus – wie es die Gewerkschaften uns einbläuen – noch sind sie der Beweis, dass wir uns endlich von »staatlicher Bevormundung« verabschieden können, wie es die Liberalen fordern.

Die Freiwilligen von heute lassen sich weder von links noch von rechts vereinnahmen. Sie sind schon längst einen Schritt weiter. Sie suchen sich bewusst ein Engagement aus, das zu ihnen passt. Sie engagieren sich so lange und so leidenschaftlich, wie es ihnen gefällt. Und die meisten tun es, weil sie damit etwas bewegen wollen. Die Gesellschaft im Kleinen mitgestalten – das ist die Hauptmotivation für die Mehrzahl der Engagierten, wie dieses Buch zeigt. Die Menschen, die diese neue soziale Bewegung tragen, kümmern sich nicht mehr um Ideologien. Sie gründen Kindergärten oder sitzen im Landeselternausschuss, weil sie für ihre Kinder nur die beste Schule, den besten Kindergarten wollen. Sie engagieren sich im Kleingartenverein, weil sie dort mit wenig Aufwand und Geld einen Alltagsfluchtort unter Gleichgesinnten gestalten können. Andere rufen Bürgerinitiativen ins Leben, weil sie nicht mit den hohen Mieten oder dem Fluglärm einverstanden sind. Oder sie fahren Behindertenbusse, besuchen Alte und Kranke, weil es zu ihrem Selbstverständnis gehört, anderen zu helfen.

Dass private Betroffenheit ein starker Antrieb für gesellschaftliches Engagement ist, passt noch ins Bild von der Ego-Gesellschaft. Eigennütziges Handeln, das nebenher auch anderen zugute kommt, ist niemandem fremd. Dass ich mich für meine eigenen Kinder einsetze, scheint mir naheliegend und genauso selbstverständlich wie für den Ausbau des Schwimmbads zu unterschreiben oder gegen die Schließung eines Jugendclubs zu demonstrieren. Schließlich will ich mit meiner Familie in einer lebenswerten Umgebung wohnen.

Dort aber, wo das Engagement nicht zuallererst dem eigenen Interesse dient, scheint es so gar nicht in unsere Zeit zu passen. Der selbstlose Einsatz für andere – gibt es den wirklich? Oder geht es auch hier nur darum, für sich selbst eine Erfüllung zu finden, vor dem lieben Gott zu glänzen oder sich einen Ausgleich zum öden Job und einem verkümmerten Alltag zu schaffen?

Ich gebe zu: Mir war diese Art von Idealismus lange Zeit fremd. Die engagierten Zeitgenossen, die ich während meiner Jugend in der oberbayerischen Provinz kennenlernte, hielt ich für Langweiler, Querulanten oder Traumtänzer – was auch daran lag, dass die örtlichen Möglichkeiten sich auf Mitarbeit in Traditionsclubs wie der Freiwilligen Feuerwehr und der Katholischen Landjugend beschränkten.

Okay, es gab noch die Juso-Ortsgruppe. Aber den pubertären Wunsch nach Gesellschaftsveränderung erfüllte sie auch nicht, allzu staatstragend schien mir der Parteinachwuchs, der vor allem nach der politischen Macht schielte. Mit denen konnte man keine Revolution starten. Schon eher mit der Antifa im Nachbarkreis. Dort organisierte man nicht nur Demos, Diskussionsabende und Konzerte, man ging auch schon mal handfest gegen Nazis oder Handlanger des »Polizeistaats« vor. Doch so radikal war ich dann doch nicht. Als ich einmal im »schwarzen Block« einer Demo mitlief und nur knapp einer Einkesselung durch »die Bullen« entkam, merkte ich, dass der Straßenkampf meine Sache nicht war.

Später, im Studium, lernte ich linke Polit-Theoretiker kennen, die sich nicht selbst die Hände schmutzig machten. Burschenschaftler, die sich im Namen von Gott, Ehre, Vaterland ins Koma soffen. Und Karrierebewusste, die das Engagement in der Fachschaft vor allem als Karrieretraining begriffen. Für mich war das alles nichts. Ich ging ein paar Mal zu den Treffen der Amnesty-International-Ortsgruppe, ließ es aber bald wieder sein.

Ich hegte sorgsam meine Vorurteile gegen Vereinsmeier und Berufsrevolutionäre – und beneidete sie im Stillen darum, eine Aufgabe für sich gefunden zu haben, die über Geldverdienen und Privatinteressen hinausging. Erst als meine Tochter in den Kindergarten kam, wurde ich Teil einer Elterninitiative und übernehme dort jetzt feste Aufgaben. Obwohl die quälend langen Mitgliederversammlungen manchmal nerven, habe ich das Gefühl, das Richtige zu tun.

Freiwilliges Engagement bewegt sich immer zwischen Eigennutz und Weltverbesserung. Doch anders als früher geben nicht mehr die vermeintlich braven Selbstlosen den Ton an. Zum Ehrenamt gehört der Eigennutz, warum auch nicht? Schließlich sind Egoismus und Altruismus nicht zwangsläufig Gegenpole. Die Hirnforschung hat gezeigt, dass sich beide gegenseitig bedingen. Wer selbstlos handelt, ist bereit, anderen zu vertrauen. Allerdings nur, wenn der momentane Verzicht langfristig zu irgendeiner Art von Gegenleistung führt. Der Wissenschaftsjournalist Stefan Klein spricht vom »scheinbaren Widersinn des Vertrauens: Oft verfolgen wir unsere Interessen am wirkungsvollsten, indem wir sie zurückstellen und anderen dienen«.

Pflichtgefühl oder Tradition sind heute eben nicht

mehr entscheidend für Engagement, wie Erhebungen zeigen. Statt in ein Ehrenamt hineingeboren zu werden, weil schon der Opa Rettungsschwimmer war, wählen Freiwillige je nach Lebenssituation und persönlichem Interesse aus einer Vielzahl möglicher Tätigkeiten aus – oftmals zeitlich begrenzt, flexibel und mit mehr Raum für Mitbestimmung. Als Konsequenz verlieren Kirchen, Verbände und Einrichtungen wie die Freiwillige Feuerwehr Mitstreiter, aber Nichtregierungsorganisationen und Initiativgruppen legen zu. Dort kann man eine Zeitlang mitmachen – und sich dann dem nächsten Thema zuwenden. Oder auch nicht. Je nachdem, wie es gerade zur eigenen Lebenssituation passt.

Viele Menschen stellen sich die Frage, wie wir in Zukunft zusammenleben wollen, wohin unsere Gesellschaft steuert. Doch immer weniger glauben daran, dass die Politik darauf sinnvolle Antworten geben kann. Die aktive Mitgliedschaft in Parteien und Gewerkschaften schwindet seit Jahren, die Wahlbeteiligung ebenfalls. Die Bürger trauen ihren gewählten Repräsentanten kaum noch zu, die Probleme in diesem Land effektiv anzupacken. Und immer weniger sehen Sinn darin, in diesem System aktiv mitzuwirken: Nur noch zwei von hundert Bundesbürgern sind Mitglied einer Partei. Entsprechend schwindet auch die Bereitschaft, sich ehrenamtlich für den Staat zu betätigen – als Wahlhelfer, Schöffin oder Gemeinderat.

Vielleicht ist die neue Bereitschaft zum Ehrenamt eine Krise der Parteiendemokratie. Und der Marktwirtschaft, die sich durch die Spekulationsexzesse der letzten Jahre wohl kaum noch »sozial« nennen kann. Wenden sich die Bürger scharenweise dem freiwilligen Engagement zu, weil sie dort das Gegengewicht zu Gier, Selbstbedienungsmentalität und neoliberaler Sparpolitik vermuten? Ist es möglich, dass das Ehrenamt schafft, was Politikern schon lange nicht mehr gelingt: Menschen Halt und Orientierung zu geben, neues Grundvertrauen ins Gemeinwesen?

Dass sich der Freiwilligensektor ausweitet, hat jedenfalls weit mehr als nur individuelle Gründe. Hier geht es nicht um Ego oder Nicht-Ego, sondern um unsere Zukunft. Einen neuen gesellschaftlichen Aufbruch, getragen von Menschen, die etwas verändern wollen. Zwischen dem fürsorglichen Sozialstaat von gestern und der Eigenverantwortung nach amerikanischem Vorbild entwickelt sich gerade etwas Neues, etwas Drittes.

Aber was genau? Eine aktive Bürgergesellschaft? Eine neue Kultur des solidarischen Miteinanders? Oder eine Notgemeinschaft, die verzweifelt versucht, den immer größer werdenden Riss in unserer Gesellschaft zu kitten?

Neue Bewegungen entstehen vor allem dort, wo ein Mangel herrscht oder ein Missstand: In den Achtzigerjahren engagierten sich viele im Umweltschutz, für die Entwicklungshilfe und für den Weltfrieden. Diese Probleme sind keineswegs gelöst, es kamen nur neue hinzu: Heute arbeiten Ehrenamtliche vermehrt in Lebensmitteltafeln oder im Hospiz, setzen sich für Kindererziehung, Bildung und Integration ein. Es lohnt sich, dort einmal genauer hinzusehen. Um zu wissen, wo wir stehen.

Ich bin durchs Land gereist und habe mit den Engagierten von heute gesprochen: Sie begleiten Sterbende, helfen Migranten, im Ehrenamt Fuß zu fassen, oder organisieren eine Basisgruppe in ihrem Stadtviertel. Sie gründen Waldkindergärten, vermitteln Jugendlichen Demokratie, retten ein historisches Arbeiterviertel vor dem Abriss. Sie kümmern sich um ländliche Gemeinden, erforschen Protestbewegungen oder unterstützen Anti-Atom-Initiativen. Viele gehen dabei neue Wege, erproben neue Formen der Zusammenarbeit, lassen alte Denkmuster und Gepflogenheiten hinter sich.

Quer durch die Republik habe ich die neuen Freiwilligen gefunden, an meinem Wohnort Berlin, in meiner oberbayerischen Heimatregion, in Baden-Württemberg, Mecklenburg-Vorpommern oder Hamburg. Ich habe mit christlichen Rentnern, Feministinnen und humanistisch gesinnten Geschäftsmännern gesprochen, mit Arbeitslosen und Studenten. Mit Vereinen, Bürgerinitiativen, Stiftungen, Basisgruppen, Forschungsstellen und Sozialunternehmen.

Jedes Beispiel erzählt davon, was Engagement vermag – und wo es an seine Grenzen stößt. Natürlich zeigen die gewählten Beispiele nur einen Ausschnitt dessen, was hierzulande freiwillig geleistet wird. So bleibt etwa der Sport in diesem Buch außen vor – obwohl freiwilliges Engagement dort gar nicht wegzudenken ist und es auch dort viele interessante neue Ansätze gibt. Dass er fehlt, ist Zufall – oder unbewusst meinem Desinteresse an organisierter Sportlichkeit geschuldet.

Noch ein Wort zur Begrifflichkeit: Die Bezeichnung »Ehrenamt« stammt aus dem 19. Jahrhundert, als es von oben verordnete »Bürgerpflicht« wurde, ein unbezahltes Verwaltungs- oder Wahlamt zu bekleiden. Für all das, was heute öffentlich, gemeinnützig, nicht gewinnorientiert und nebenberuflich geleistet wird, reicht der Begriff längst nicht mehr aus. Heute spricht man lieber von »bürgerschaftlichem« oder »zivilem Engagement« und meint damit auch informelle, kurzfristige und andere »moderne« Formen der freiwilligen Betätigung. Diese Wortschöpfung mag auf der Höhe der Zeit sein. Leider ist sie auch ziemlich sperrig. So dass landläufig immer noch viel von Ehrenamt oder auch von Freiwilligenarbeit gesprochen wird. Im Folgenden werden all diese Begriffe synonym verwendet, ohne Rücksicht auf kleine Bedeutungsnuancen, zugunsten der Lesbarkeit.

*

Wie findet man eigentlich ein passendes Engagement? Früher glitt man gleichsam automatisch über die Mitgliedschaft in der Kirchengemeinde, dem Sportverein oder der Gewerkschaft in ein Ehrenamt hinein. Heute gibt es von der Kiezinitiative bis zur NGO zahllose Möglichkeiten, sich gemeinnützig zu betätigen. Aber wer hilft einem, die richtige Entscheidung zu treffen?

Um das herauszufinden, starte ich einen Selbstversuch. Und rufe bei der Ehrenamtsbörse in meinem Bezirk an – eine von 360 lokalen Anlaufstellen im Bundesgebiet, wo sich interessierte Bürger auf geeignete Einsatzstellen vermitteln lassen können. Diese Börsen sind nicht unumstritten: Kritiker halten sie für ineffizient, weil Engagement erfahrungsgemäß meist durch persönlichen Kontakt angestoßen wird und nicht durch Vermittlung Dritter. Ich versuche es trotzdem. Denn persönlich kenne ich zwar niemanden, der Hilfe braucht. Das liegt aber vor allem daran, dass ich, wie viele Großstädter, die alle paar Jahre das Wohnviertel wechseln, privat eigentlich nur mit meinesgleichen zu tun habe: Eltern, Akademikern, Mittelschicht.

Wenn die Hilfe brauchen, bezahlen sie eine Putzfrau, Nachhilfe oder einen Pflegedienst. Aber was ist mit denen, die eine helfende Hand bitter nötig hätten, aber weder über das nötige Geld noch die Kontakte verfügen? Eine Börse scheint mir da eine gute Lösung zu sein, um Hilfswillige und Hilfsbedürftige zusammenzubringen. Und mir selbst erhoffe ich einen neuen Blick auf mein Viertel und Kontakt zu Menschen, die ich sonst nie kennenlernen würde.

Das Beratungsgespräch in der Cafeteria des Nachbarschaftsvereins ist kurz: Simon Schuster, ein freundlicher älterer Herr, der sich als Koordinator der Ehrenamtsbörse vorstellt, präsentiert mir einen Fragebogen, auf dem ich persönliche Daten und bevorzugte Einsatzgebiete eintragen soll. Zur Wahl stehen Hausaufgabenhilfe, Gärtnern oder Vorlesen mit Kindern, Mitarbeit in der Cafeteria des Nachbarschaftstreffs und der Stadtteilbibliothek oder Seniorenbegleitung. Ich entscheide mich spontan für die Senioren, denn mit Kindern habe ich schließlich täglich zu tun. Schuster drückt mir die Hand und sagt: »Wir melden uns bei Ihnen.«

Schon am nächsten Tag ruft er an. Ich solle mich Montag bei einem Seniorenfrühstück einfinden, da gebe es Interessentinnen. Als ich zum Wohnheim komme, warten dort nicht nur Herr Schuster und seine Kollegin. Sondern ein weiterer Herr, der sich offensichtlich auch bei der Börse gemeldet hat und nicht erfreut scheint über die Konkurrenz. »Mit so was Süßem kann ich bei den Damen natürlich nicht aufwarten«, knurrt er mit einem Seitenblick auf mein Baby. Das kann ja heiter werden, denke ich.

Drinnen sitzt eine Handvoll Frauen bei Kaffee und Wurstbrötchen. Alle stürzen sich voller Begeisterung auf meinen Sohn, erzählen von ihren Enkeln. Mein Konkurrent rührt still in seinem Kaffee. Bald stellt sich heraus, dass von allen anwesenden Frauen im Grunde nur eine einzige Bewegung und Gesellschaft braucht. Die anderen haben Verwandte, die sich um sie kümmern, oder sind noch gut zu Fuß.

Trotz meines kleinen Sympathieträgers bekommt mein Konkurrent den Zuschlag – er erscheint beim zweiten Treffen einfach eine halbe Stunde eher, schreibt der Frau seine Telefonnummer auf und vereinbart gleich einen Termin.

Der Vermittler Schuster entschuldigt sich bei mir – er sei eigentlich Betriebswirt und »im Sozialen eher unerfahren«. Das Jobcenter habe ihn als »Bürgerarbeiter« zur Ehrenamtsbörse geschickt. Für 900 Euro im Monat leistet Schuster nun Vermittlungsarbeit, 30 Stunden die Woche, drei Jahre lang. Für den ersten Arbeitsmarkt wird er sich damit wohl nicht mehr qualifizieren, er steht kurz vor dem regulären Rentenalter. Er zweifle selbst manchmal am Sinn seines Jobs, sagt er. Fast verspüre ich das Bedürfnis, ihn zu trösten. Obwohl mir nicht klar ist, was ein »Bürgerarbeiter« eigentlich ist.

Ein Blick in die Fachliteratur klärt mich auf: Bürgerarbeit ist ein 2010 eingeführtes Modellprojekt des Bundesarbeitsministeriums, das Langzeitarbeitslose in gemeinnützige Arbeit vermittelt. Freiwillig arbeitet Herr

Schuster also nicht, hätte er die Tätigkeit abgelehnt, hätte er mit Sanktionen vom Jobcenter rechnen müssen.

»Workfare« nennen Politologen diesen Ansatz, der Geldzuwendungen mit Zwang zur Arbeit verknüpft. Unter Arbeitsmarktexperten und bei den Sozialverbänden stößt das Konzept auf Kritik. Nicht nur, weil es Erwerbslose unter Druck setzt, sondern auch, weil es Menschen in den gemeinnützigen Bereich drängt, die gar keine echten Freiwilligen sind. Wenn aber die Grenze zwischen Ehrenamt und schlecht bezahlter Hilfstätigkeit fürs Gemeinwohl verschwimmt, nimmt die Freiwilligenkultur Schaden, so die Befürchtung. Aus dem ehemals stolzen Ehrenamt wird dann ein Niedriglohnbereich, der es dem Staat ermöglicht, die soziale Versorgung aufrechtzuerhalten. Und gleichzeitig reguläre Arbeitsstellen im Sozialsektor einzusparen.

Besonders weit hergeholt ist dieses düstere Szenario gar nicht. »Workfare« gibt es auch in unserem Kinderladen. Das Jobcenter schickte uns eines Tages Tino als Küchenhilfe, für uns eine dringend benötigte und außerdem staatlich bezuschusste Arbeitskraft. Der lässige Typ mit Pferdeschwanz war nicht mehr ganz jung und früher mal Koch. Er möge Kinder, sagte er noch am Anfang und machte Pizza für alle. Doch bald war er immer öfter krank, tauchte schließlich kaum noch auf. Wir ärgerten uns über seine Unzuverlässigkeit, kündigten ihm aber nicht, weil wir nicht wollten, dass er Probleme »vom Amt« bekäme.

Simon Schuster von der Freiwilligenbörse hat deutlich mehr Lust auf seine nicht ganz freiwillige Tätigkeit. Er bemüht sich sichtlich, Senioren für mich aufzutreiben, aber ohne Erfolg. Ich frage mich langsam, ob meine Hilfe überhaupt gebraucht wird – vielleicht sind die Seniorinnen und Senioren in Moabit besonders fit und sozial gut eingebunden?

Sind sie nicht, beruhigt mich Marianne Schiele. Die gelernte Kirchenmusikerin ist Schusters Kollegin und schon länger in der Seniorenarbeit tätig. »Das Hilfsnetzwerk entwickelt sich sehr, sehr langsam«, sagt sie. Es dauere lange, bis die alten Menschen das nötige Vertrauen für eine Freizeitpartnerschaft aufbrächten. Von den 25 Ehrenamtlichen, die durch die Börse bislang vermittelt wurden, seien acht bis zehn in der Seniorenarbeit tätig, gebraucht würden aber noch viel mehr: In Seniorentreffs, Pflegestationen und Alten-WGs, die Schiele immer wieder besucht, entdeckt sie viel Bedarf. Zumindest theoretisch. »Es ist nicht ganz leicht, an die Leute heranzukommen.«

Ein halbes Jahr lang sei sie jeden Montag zum Seniorenfrühstück gepilgert und habe sauren Filterkaffee getrunken, bis man ihr endlich Interesse signalisiert habe. »Viele wollen sich nicht eingestehen, dass sie Hilfe brauchen oder einsam sind – das ist auch eine Frage des Stolzes«, erzählt sie. Und berichtet von einer Alten-WG, wo die Senioren, im Gegensatz zu der Munterkeit, die beim Begriff »WG« mitschwingt, depressiv in ihren Zimmern säßen. »Die bräuchten dringend jemanden«, sagt Schiele.

Also auf zur Alten-WG, bevor sich mein Tatendrang wieder verflüchtigt. Denn Geduld ist nicht gerade meine Stärke. Die Seniorenbetreuerin nennt mir die Adresse und empfiehlt, mich dort erst einmal unter einem Vorwand umzusehen. »Sagen Sie, dass Sie eine Umfrage machen. Oder Flyer verteilen wollen.«

Ich soll mich einschleichen wie eine dubiose Vertreterin? Langsam zweifle ich auch am Konzept der Ehrenamtsbörse. Manches lässt sich vielleicht doch nicht per Angebot und Nachfrage vermitteln.

Zu Hause lese ich im »Entscheidungsfinder Pro Ehrenamt«. Der Verfasser des Büchleins, ein pensionierter Physiklehrer, empfiehlt: »Nehmen Sie sich Zeit, Ihre eigenen Motive kennenzulernen und sich mit ihnen auseinanderzusetzen. So schonen Sie sich vor unangenehmen Erfahrungen.« Ich soll mich fragen, ob ich aus ethisch-moralischen Gründen, Einsamkeit und Langeweile, Dankbarkeit oder aufgrund einer Lebenskrise handle. Vielleicht möchte ich mich auch persönlich weiterentwickeln oder sehne mich nach Anerkennung?

Nun ja, etwas von allem. Als ich weiterblättere und in einem Formular meine persönlichen und beruflichen Stärken, Schwächen und Fähigkeiten eintragen soll, um zu erfahren, welcher Engagement-Typ ich bin, klappe ich das Buch wieder zu. Schließlich geht es mir nicht um Selbsterfahrung. Ich möchte mehr über *andere* erfahren. Über die Alten, die in ihren Wohnungen und Pflegeheimzimmern sitzen. Was sie gerne noch erleben wollen, wie sie zurechtkommen in der Großstadt. Warum sie sonst niemanden haben, der sich um sie kümmert.

Wenn ich ehrlich bin, geht es dabei auch ein bisschen um meine eigenen Eltern. Die leben weit weg auf dem Land, in einem Haus, das eigentlich zu groß für sie ist. Ich bin ihr einziges Kind. Wenn sie so alt sind wie »meine« Senioren im Kiez, werden sie dann auch in so einem Zimmerchen hocken, angewiesen auf ehrenamtliche Begleitung durch eine Fremde? Oder werde ich in der Lage sein, mich um sie zu kümmern?

Ich fahre noch einmal beim Seniorentreff vorbei. Diesmal sitzen mindestens acht Herrschaften um den großen Tisch, auch zwei Männer sind dabei. Einer von ihnen war früher Installateur, der andere Bauarbeiter. Ob sich jemand vielleicht nach dem Frühstück noch kurz an der frischen Luft bewegen wolle, frage ich. Und ernte nur Absagen: die Beine, der Ischias, keine Zeit. Aber ich könne ja mal wiederkommen. »Das war fast schon eine Einladung«, flüstert mir die Betreuerin anerkennend zu.

Schneller klappt der Kennenlerntermin bei der Alten-WG – ganz offiziell. Von munterem Zusammenleben keine Spur, die sechs Mitbewohner haben kein Gedächtnis mehr, sitzen im Rollstuhl, können sich kaum bewegen oder harren auf dem Sofa und starren ins Leere. Ich bin darauf nicht vorbereitet, unter »Spazierengehen« hatte ich mir etwas anderes vorgestellt. Einen Rollstuhl habe ich noch nie geschoben, gleichzeitig mit einem Kinderwagen wird das auch schwierig. Und was macht man mit einem alten Herrn, der die Neigung hat, plötzlich wegzulaufen?

Dass ich im Umgang mit Dementen und Gebrechlichen völlig unerfahren bin, scheint aber außer mir keinen zu stören. Denn die vier Pflegerinnen, die abwechselnd Dienst tun, haben für Extras wie Spazierengehen keine Zeit. Also tut es entweder niemand – oder ein Ehrenamtlicher.

Zum ersten Mal habe ich das Gefühl, dass ich als Freiwillige nicht am richtigen Ort bin. Diesen Job sollte eigentlich jemand verrichten, der das gelernt hat. Und anständig bezahlt wird. Zum Glück sagt die Pflegerin mir hinterher doch per Telefon ab: Sie habe Sicherheitsbedenken wegen meines Babys, es gebe ein paar unberechenbare unter den Rentnern …

Auch der Bürgerarbeiter Schuster scheint sich nicht ganz wohl zu fühlen in seiner Haut. Bei einem Spaziergang schüttet er mir sein Herz aus: Er habe ständig das Gefühl, im falschen Film zu sein. Denn was er als »Eingliederungsmaßnahme« ableistet, war zuvor eine richtige Stelle. Sie wurde von einer Frau ausgefüllt, die dafür ausgebildet war und ihre Arbeit mit großem Elan anging. Doch die Mittel dafür wurden gestrichen. Die Ex-Kollegin ist nun arbeitslos. Und der Arbeitslose Schuster macht nun ihren Job. »Die einen machen Maßnahmen, die andere verwalten sie. So sollen sich alle gut fühlen. Aber man merkt doch, ob man etwas Sinnvolles tut.«

Freiwilliges Engagement ist sinnvoll, wird aber längst nicht immer sinnvoll eingesetzt. Das wird mir bei dieser ersten Begegnung mit Herrn Schuster klar. Wo Niedriglöhner, Prekäre und »echte« Freiwillige Hand in Hand arbeiten, bewegt sich gut gemeintes Engagement ins gesellschaftspolitische Minenfeld.

Mein Selbstversuch mit der Ehrenamtsbörse war nicht gerade erfolgreich: Etwas Passendes habe ich auf diesem Weg nicht gefunden. Und auch sonst lässt mich das Experiment mit vielen Fragen zurück. Jetzt möchte ich wissen: Wie typisch ist das, was ich als Seniorenbegleitung in spe erlebte? Geht es Ehrenamtlichen im gesamten Sozialbereich so?

Und was sind das überhaupt für Leute, die sich unbezahlt um andere kümmern? Rund drei Millionen Menschen engagieren sich als Helfer im Sozialen. Dieser Art von Ehrenamt, das im Gegensatz zu Vorstands- oder Gremienfunktionen weder beruflichen Vorteil noch gesellschaftliche Privilegien bringt, haftet der Ruf der reinen Nächstenliebe an: altmodisch, aber doch bewundernswert. Ich möchte wissen, wer sich im Jahr 2013 einfach so für wildfremde Bedürftige einsetzt.

Was treibt sie an, die Sozialen?

»Mir geht es vor allem darum, etwas zu tun«: der Sterbebegleiter

Diethelm Wohnhas ist einer, der sich dort hinwagt, wo andere sich abwenden: Der Sechzigjährige betreut Sterbende in einem Berliner Hospiz. Auf ihn bin ich in einer Broschüre gestoßen, die bei der Ehrenamtsagentur auslag. »Sterbebegleitung im Hospiz«, lese ich – und frage mich: Wer tut sich so etwas an? Neben dem Job, mehrere Stunden die Woche? Ich wähle die Kontaktnummer auf der Broschüre. Und bekomme die Nummer von Wohnhas. Zu einem Gespräch über sein Ehrenamt ist er sofort bereit.

An seinem »Arbeitsplatz« allerdings können wir uns nicht treffen. Ein Hospiz ist schließlich kein Ort, den man einfach so besichtigt. Wir treffen uns in einem Café, Wohnhas erscheint im Fahrraddress. Auch bei Minusgraden radelt er – eine Stunde zur Arbeit, eine Stunde zurück. Das ist der körperliche Ausgleich zu seinem Bürojob als Unternehmensberater bei der Berliner Stadtreinigung.

Seelischen Ausgleich spürt er als Sterbebegleiter. Seit mehr als vier Jahren besucht er unheilbar kranke Menschen, zu Hause oder im Hospiz des Nachbarschaftsheims

Schöneberg. Drei bis vier Stunden die Woche sitzt er an ihrem Bett, führt Gespräche, liest vor, macht kleine Besorgungen. Wie kam er auf die Idee?

Vor fünf Jahren haben er und seine Frau eine Fernsehsendung über Hospize gesehen, spezielle Häuser für Sterbende. Sie hätten viel darüber diskutiert. »Ich merkte, dass mich das Thema Tod nicht loslässt«, sagt Wohnhas. »Meine eigenen Eltern verstarben plötzlich, ich konnte nie richtig Abschied nehmen, vielleicht liegt es daran. Ein Ehrenamt, dachte ich, könnte eine sinnvolle Ergänzung zu meinem Job sein, eine Wiederentdeckung meiner sozialen Ader. Und eine langfristige Perspektive für meine Altersteilzeit, die nächstes Jahr anfängt.«

Wohnhas suchte nach Hospizen in seiner Nähe. Weil er nicht religiös ist, suchte er eines ohne kirchliche Bindung. Und landete beim Nachbarschaftsheim Schöneberg, wo er an einem Informationsabend für freiwillige Sterbebegleiter teilnahm. »Das Treffen bestätigte meine Vermutung, dass dieses Ehrenamt zu mir passt.« Wohnhas fühlte sich wohl: »Die Vorbereitung der Ehrenamtlichen war sehr gründlich, alles war gut organisiert und die Gruppenleitung sehr sympathisch.« Die Ausbildungsgruppe bestand aus zwölf Leuten. Die Freiwilligen absolvierten hundert Stunden Workshops und Kurse, ein dreiviertel Jahr lang. Sie klärten den eigenen Standpunkt zum Thema Tod, lernten etwas über Hospizgeschichte und Organisation, empfanden in Rollenspielen den Pflegealltag nach. Zwei Tage lang begleiteten sie die Krankenschwestern und halfen, die Gäste zu betreuen. »Im Hospiz«, erklärt Wohnhas, »spricht man nicht von Patienten, sondern von Gästen.«

Am Ende der Ausbildung blieben von zwölf Teilnehmern neun dabei, Wohnhas war einer von ihnen. Er erklärt, wie eine Sterbebegleitung üblicherweise abläuft: »Die Koordinatoren werden vom Sozialdienst oder von Angehörigen informiert, dass eine Begleitung gewünscht ist. Sie machen einen Erstbesuch und ermitteln einen passenden Ehrenamtlichen. Ich kann mich dann ganz zwanglos für oder gegen das Angebot entscheiden, es entscheidet die erste Begegnung. Der Kontakt zum Sterbenden ist manchmal so intensiv, dass es sich anfühlt, als würde die Zeit stehen bleiben. Wie ein Geschenk. Ich lese vor, oder wir reden, worüber der Kranke will. Manche wollen unbedingt was tun für den Ehrenamtlichen, Kekse anbieten, ein Buch verschenken, aber um mich geht es hier ja nicht. Sondern darum, den Sterbenden seine letzten Lebenswochen so verbringen zu lassen, wie er oder sie sich das wünscht.«

Acht Menschen hat Wohnhas bis zum Ende begleitet, nur einmal gab es gegenseitige Antipathie, sodass er die Begleitung abbrach. Das Verhältnis zu den Sterbenden sei unterschiedlich eng: »Bei einer Frau war ich nur fünf Minuten, sie schickte mich raus, am nächsten Tag war sie tot. Einen jungen Mann mit Kehlkopfkrebs habe ich lang begleitet, erst zu Hause, dann half ich ihm beim Umzug ins Hospiz. In der Endphase war ich beinahe täglich bei ihm. Und ich war auch auf seiner Beerdigung, das ist nicht immer der Fall.«

Aktuell sei er drei bis vier Stunden die Woche unterwegs, ein sehr angenehmer älterer Herr mit Krebs, mehr will Wohnhas dazu nicht sagen. Er spricht freundlich von »seinen« Kranken, aber nüchtern, fast schon distanziert. Dass man Menschen erst kennen- und schätzen lernt, um sie wenig später wieder zu verlieren – wie geht er damit um? Er zuckt die Schultern. Er konzentriere sich auf die schönen Momente, die Gespräche und weniger auf den Verlust, sagt er. Einmal die Woche hat Wohnhas wie alle Sterbebegleiter Supervision und bespricht mit dem Koordinator aktuelle Entwicklungen und Probleme. »Die professionelle Begleitung ist nötig, um seelische Konflikte und Kummer zu verarbeiten. Damit ich nicht alles zu Hause bei meiner Frau ablade und dort nur noch vom Tod spreche.«

Im professionellen Umgang mit Gefühlen kennt Wohnas sich aus: In den Achtzigerjahren war er Sozialarbeiter. Damals entstanden überall in Berlin Sozialstationen, die Pflege in der häuslichen Umgebung leisteten. Viele Arbeiten erledigten Ehrenamtliche – eine neue Entwicklung, die der hauptamtliche Sozialarbeiter mit Unbehagen beobachtete: »Ich fand es ein Unding, dass die ohne Bezahlung die Lücken in unserem Pflegesystem stopfen sollten«, sagt er und erinnert sich, wie er versuchte, dem einen oder anderen Ehrenamtlichen eine Anstellung zu verschaffen. Und heute? Wie sieht er selbst als Ehrenamtlicher seine Rolle im Gesundheitssystem?

Diethelm Wohnhas winkt ab: Solche Grundsatzfragen stünden für ihn heute nicht mehr im Vordergrund. »Mir geht es jetzt vor allem darum, etwas zu tun.« Darum engagiert sich der Unternehmensberater neben der Sterbebegleitung auch im Freundeskreis des Hospizes. Für den Förderverein akquiriert er Gelder und organisiert Informationsveranstaltungen über humanes Sterben.

»Es ist mir wichtig, den Hospizgedanken weiterzutragen«, sagt er und steigt wieder auf sein Fahrrad.

Die Hospizbewegung, Mitte der Achtzigerjahre von England nach Deutschland importiert, ist seit einigen Jahren ein Modetrend im Ehrenamtssektor. Die Begleitung Sterbender hat, neben der Mitarbeit bei Lebensmitteltafeln, den höchsten Zuwachs an Freiwilligen. Dieser Trend ist verwunderlich, denn er widerspricht vielem, was in den vergangenen Jahrzehnten über unsere unsoziale und egoistische »Rüpelrepublik« geschrieben wurde. Hospize sind Einrichtungen, in denen unheilbar Kranke in der Endphase bis zu ihrem Tod betreut werden. Die stationären, halbstationären oder ambulanten Einrichtungen werden getragen von einer Freiwilligenbewegung, die sich der Idee einer ganzheitlichen Sterbe- und Trauerbegleitung verpflichtet hat. Der Sterbende soll nicht – wie in Krankenhäusern bislang üblich – nur medizinisch behandelt werden. Da eine Heilung unmöglich ist, wird ausschließlich palliativ gearbeitet, das heißt, auf Schmerzlinderung und Schaffung der größtmöglichen Lebensqualität geachtet. Die Betreuung leistet ein Netzwerk aus Angehörigen, Ärzten, Pflegekräften und freiwilligen Sterbebegleitern.

Rund 80 000 Menschen engagieren sich ehrenamtlich für die Hospizbewegung. Sie sind organisiert im Deutschen Hospiz- und PallativVerband (DHPV), der im Oktober 2012 sein zwanzigjähriges Jubiläum feierte. Unter denen, die zu diesem Anlass mit einem Ehrenpreis für ihr Engagement bedacht wurden, war auch der ehemalige Bundesarbeitsminister und Vizekanzler Franz Müntefering (SPD), einer der prominentesten Unterstützer der Hospizbewegung. Müntefering hatte 2007 seine politische Karriere aufgegeben, um für seine krebskranke Frau zu sorgen.

Dass es die Hospizbewegung überhaupt gibt, liegt an zwei Missständen, sagt Stefan Schütz, Leiter der ambulanten Hospizbegleitung im Berliner Nachbarschaftsheim Schöneberg: »Die Familienstrukturen zerfallen. Und die reguläre medizinische Versorgung Todkranker ist mies: Ein Mensch, der stirbt, wurde bisher als defizitärer Zellhaufen gesehen und nicht als ein Mensch, der lebt.« Seit ein paar Jahren wandele sich die Einstellung der Schulmediziner aber spürbar, beobachtet der Hospizmitarbeiter. Die Palliativmedizin mache Fortschritte, eine wachsende Zahl von »Home Care«-Ärzten betrachte den Patienten ganzheitlicher und sei alternativen Methoden gegenüber aufgeschlossen.

Das sei vor allem ein Verdienst der Hospizbewegung: »Wir bemühen uns, Klinikbedingungen zu verändern. Ich fahre regelmäßig in Krankenhäuser, gebe Schulungen in Heimen. Dort merke ich, dass auch das Pflegepersonal sehr interessiert daran ist, die Bedingungen erträglicher zu gestalten.«

Im Nachbarschaftsheim Schöneberg gibt es seit 1999 einen nachbarschaftlichen Hospizdienst, seit 2004 auch ein stationäres Hospiz mit sechzehn Plätzen. Insgesamt 68 Ehrenamtliche und 31 Hauptamtliche arbeiten im Hospizbereich. Der Andrang ist groß, wie der Leiter Georg Zinner beobachtet: »Wir haben viele Anfragen von Leuten, die etwas für unheilbar Kranke tun wollen – als gerichtlich bestellte Vertretung für Demenzkranke oder als Sterbebegleiter.«

Warum beschäftigen sich Leute ohne Not mit dem Tod fremder Menschen? Zinner vermutet: »Viele wünschen sich nicht nur ein humaneres Gesundheitssystem, sondern auch einen natürlicheren Umgang mit dem Tod.« Sterbende, die morphiumbenebelt in unwirtlichen Krankenhauszimmern vor sich hin dämmern, notdürftig verwaltet von Ärzten und Pflegekräften, die oft noch nicht mal Zeit für das Allernötigste haben – wer wünscht sich ein solches Schicksal für die eigene Mutter oder den Partner?

»Sterbebegleitung ist ein emotional sehr anspruchsvolles Ehrenamt, nicht jeder ist in jeder Lebensphase dafür geeignet«, sagt Stefan Schütz, der zusammen mit einer Kollegin die Freiwilligen auswählt und auf ihr Amt vorbereitet. Im persönlichen Gespräch werden zunächst persönliche Situation, charakterliche Eignung und Motive des Aspiranten geklärt: »Wichtig sind vor allem Selbstreflexion und Belastbarkeit. Leute, die erst kürzlich selbst einen Angehörigen verloren haben, nehmen wir nicht. Sie müssen auch benennen können, warum sie sich für Sterbebegleitung interessieren. »Einfach nur helfen reicht nicht«, so der Koordinator. Wer infrage kommt, absolviert einen Vorbereitungskurs und verpflichtet sich dann, mindestens ein Jahr lang mit drei Wochenstunden dabeizubleiben.

Viele Ehrenamtliche springen während dieser aufwendigen Prozedur wieder ab. Die bleiben, sind in der Mehrheit Frauen. »Die Hospizbewegung ist stark weiblich, kirchlich oder spirituell geprägt«, sagt Schütz. Viele Ehrenamtliche seien selbst in Pflegeberufen tätig oder persönlich betroffen.

Was die Sterbegleiter leisteten, sei vor allem eine Entlastung der meist angespannten häuslichen Atmosphäre, in der sich alles nur ums Sterben dreht. Dies treffe vor allem zu, wenn der Kranke zu Hause gepflegt werde, beschreibt Schütz: »Die Kapazitäten von Angehörigen sind begrenzt. Manchmal stehen die schon bei der Begrüßung mit schwarzen Augenringen an der Tür und rufen: ›Gott sei Dank, ich hab wieder nicht geschlafen, ich kann nicht mehr.‹« Der ehrenamtliche Sterbebegleiter übernimmt es dann, am Bett des Sterbenden zu sitzen, um die Familienangehörigen zu entlasten. Auch für den Patienten bringen Ehrenamtliche Abwechslung: »Da kommt jemand ins Haus, der nichts will, was mit der Krankheit zu tun hat: keine Physiotherapie, keine Pflege. Diese Besuche dienen dem Patienten einfach nur zur Unterhaltung. Oder dazu, Dinge zu bereden, die man mit den Angehörigen nicht teilen will. Zum Beispiel Suizidgedanken oder den Überdruss an der Pflegesituation.«

Die Pflegenden, die den Sterbenden zu Hause oder im Hospiz betreuen, können solch emotionale Betreuung nicht leisten. Weil sie kostendeckend arbeiten müssen, stehen sie meist unter Zeitdruck. Die Ehrenamtlichen, die immer Zeit und ein offenes Ohr haben, werden daher manchmal von den Pflegekräften als Konkurrenz empfunden, beobachtet Schütz. Obwohl das Nachbarschaftsheim Schöneberg offenbar sehr bewusst mit dem Einsatz Ehrenamtlicher umgeht und sie vorbildlich in die hauptamtliche Arbeit integriert, »kracht es schon mal«, wie der Koordinator zwischen Haupt- und Ehrenamtlichen feststellt. Das liege vor allem an der unterschiedlichen Wertschätzung und dem Selbstverständnis beider Gruppen: »Pflegende genießen in der Gesellschaft keinen guten Ruf, sind auch sehr schlecht bezahlt. Demgegenüber stehen die Ehrenamtlichen, die ihre Arbeit sehr bewusst und selbstreflektiert tun, viel Zeit haben und allgemein anerkannt sind. Viele Ehrenamtliche sind zudem spirituell orientiert, während die Pflegekräfte meist eher robust sind. Da treffen Welten aufeinander.«

Die Hospizarbeit ist ein eindrucksvolles Beispiel dafür, wie engagierte »Laien« ein defizitäres staatliches System wie den Gesundheitssektor umkrempeln können. Laut Zahlen des Deutschen Hospiz- und PalliativVerbands gab es 1996 451 ambulante Hospizdienste, 2011 waren es bereits 1500. Aus 30 stationären Hospizen wurden 195 und aus 28 Palliativstationen in Krankenhäusern und Pflegeheimen 231. Nun, da sie sich etabliert haben, werden Hospize anteilig von Krankenkassen, der Pflegeversicherung und den Einrichtungen bezahlt. Aber der Impuls – und nach wie vor die Hauptarbeit – kommt von unbezahlten Freiwilligen. Könnte die Hospizarbeit eine vorbildliche Lösung sein für das ganze Gesundheitssystem?

Im Sozial- und Gesundheitsbereich hat die Zusammenarbeit von Haupt- und Ehrenamtlichen eine lange Tradition. In den großen Wohlfahrtsverbänden wie Caritas, Diakonie oder Arbeiterwohlfahrt sind 1,5 Millionen Hauptamtliche beschäftigt und rund 2,5 Millionen Ehrenamtliche. Doch das Verhältnis zwischen beiden Gruppen ist nicht frei von Konflikten. Vor allem weil die Wohlfahrtsorganisationen seit einigen Jahren einen gewaltigen Strukturwandel durchmachen. 1994 wurde das Pflegegesetz beschlossen, das den Dritten Sektor für kommerziellen Wettbewerb öffnete. Seitdem müssen die Wohlfahrtsorganisationen nach marktwirtschaftlichen Kriterien arbeiten. Sie werden zwar weiterhin vom Staat unterstützt, allerdings erfolgt die Abrechnung leistungsbezogen, nach sogenannten Fallpauschalen. Deshalb verhalten sich Pflege- oder Sozialstationen zunehmend wie gewöhnliche Konzerne: Sie sourcen Dienstleistungen an private Anbieter aus, wandeln gemeinnützige Betriebe in GmbHs um, ersetzen feste, nach Tarif bezahlte Stellen durch Kurzzeitverträge und Leiharbeit. Und das in einem Bereich, in dem es nicht um die Herstellung von Autos oder Putzmitteln geht, sondern um die Versorgung der Bedürftigsten in unserer Gesellschaft.

Vor ein paar Jahren wurde in der Zeitung, bei der ich arbeite, hitzig über »Maserati-Harry« diskutiert. Harald Ehlert, der Leiter der Berliner Treberhilfe, einer Einrichtung für Obdachlose, fuhr dienstlich einen Sportwagen und leistete sich eine Villa mit Bootshaus und Haushälterin. Darf man das, als Geschäftsführer einer gemeinnützigen Organisation? Wirft so ein Geschäftsgebaren ein schlechtes Licht auf die Obdachlosenhilfe, die auf Spenden angewiesen ist, wie viele Kollegen meinten? Oder ist es scheinheilig, von einem Sozialverein zu verlangen, wie ein Wirschaftskonzern zu arbeiten – vom Führungspersonal aber Demut zu erwarten? Ehlert wurde schließlich gekündigt, die Diakonie als Trägerin der Treberhilfe fand sein Auftreten unpassend. Er selbst zeigte sich allerdings bis zuletzt nicht schuldbewusst, schließlich sei sein Lebensstil für einen Manager ganz normal.

Wohlfahrtsorganisationen wie die Treberhilfe sitzen zwischen allen Stühlen. Sie leiden unter dem Kostendruck, den die klammen Kranken- und Pflegekassen weitergeben. Andererseits sind sie auf ein soziales Image angewiesen, weil sie Spenden brauchen. Und Ehrenamtliche.

Für die werden Caritas und Co. zunehmend unattraktiv: Das Engagement ist in Organisationen des Dritten Sektors seit Jahren rückläufig. Forscher führen dies darauf zurück, dass insbesondere junge Menschen sich von Vorstands- und Gremienposten wie Vorsitzender oder Kassenwart wenig angesprochen fühlen.

Auch langjährige Ehrenamtliche suchen immer öfter nach eigenen Problemlösungen für soziale Fragen. Nur so lässt sich erklären, dass etablierte Großorganisationen und Sozialverbände Mitglieder verlieren – während andere, neu gegründete Initiativen, die in den gleichen Bereichen tätig sind, sich vor Zulauf kaum retten können. »Freiwilliges Engagement erfordert partnerschaftliche und offene Strukturen. Es geht nicht gut, wenn man die Ehrenamtlichen als Helfer-Verschiebemasse einsetzt. Das ist das Problem von vielen Wohlfahrtsverbänden«, formuliert es Georg Zinner, Leiter des Nachbarschaftsheims Schöneberg. Man brauche nicht nur die helfenden Hände, sondern vor allem die Ideen der Freiwilligen.

Das Nachbarschaftsheim investiert viel, um sich für Ehrenamtliche interessant zu machen. Es hat eine eigene Ansprechpartnerin für Freiwillige, bietet für sie Fortbildungen und Ausflüge an und fördert den regelmäßigen Austausch mit Hauptamtlichen. In jener Broschüre, in der ich auf die Sterbebegleitung aufmerksam wurde, informieren Ehrenamtliche jährlich über ihre Arbeit. Außerdem bemüht man sich um größtmögliche Transparenz: Als Unterzeichnerin der Initiative Transparente Zivilgesellschaft legt das Nachbarschaftsheim freiwillig offen, welche Ziele verfolgt werden, woher die Mittel stammen, wie sie verwendet werden und wer darüber entscheidet.

Ehrenamt ist im sozialen Bereich unentbehrlich. Besuche in Altenheimen und Dementen-WGs, die Leitung eines Seniorenchors oder einer Theatergruppe: Freiwillige nehmen Druck aus einem unter Geldknappheit ächzenden Wohlfahrtssystem. Aber sind sie deshalb Lückenbüßer? Sterbebegleiter rauben jedenfalls niemandem den Job, die Hauptarbeit bleibt bei professionellen Ärzten und Pflegern, deren Arbeit sie ergänzen.

Die Hospizbewegung hat auch die Krankenhauspflege verändert. Auch wenn noch immer nur ein kleiner Teil aller Todkranken von der Hospizarbeit erreicht werden kann, hat diese Bewegung eine Alternative zum Sterben in Krankenhaus oder Pflegeheim geschaffen. Und die Diskussion über den Umgang mit Sterbenden ins Bewusstsein der Öffentlichkeit getragen.

»Meinen Sie, dass so etwas hier wirklich nötig ist?«: die Essensspenderin

Die Tafelbewegung gehört – neben der Hospizbewegung – zu den größten Freiwilligeninitiativen der letzten zwanzig Jahre. Mir fällt eine Notiz aus dem »Oberbayerischen Volksblatt« in die Hände: Der Rosenheimer Landrat überreicht einen Scheck an die Wasserburger Tafel und dankt den freiwilligen Helfern für ihren Einsatz. Wasserburg am Inn ist meine Heimatstadt – und eigentlich eine Insel der Wohlhabenden. Gut 12 000 Einwohner hat die kleine Stadt in Südostbayern, die malerisch als Halbinsel im Inn liegt.

Im Landkreis Rosenheim, zu dem die Stadt gehört, gibt es 3,4 Prozent Arbeitslose, also deutlich unter dem bayerischen Durchschnitt von 4,4 Prozent – und meilenweit entfernt von 12,4 Prozent in Berlin. Dass es hier einmal eine Tafel geben würde, hätte ich mir nicht träumen lassen. Doch sie existiert schon seit zehn Jahren, lese ich. Und die Nachfrage nach kostenlosen Lebensmitteln steige Jahr für Jahr.

Die Ausgabestelle liegt im beschaulichen Stadtteil Burgerfeld, direkt gegenüber der modernen evangelischen

Christus-Kirche. Das Ladenlokal unterscheidet sich auf den ersten Blick kaum vom benachbarten Kiosk: Im Hinterzimmer das Lager, vorne der »Verkaufsraum« mit einer Sitzbank vor dem Schaufenster. Nur dass hier kein Geld über den Tresen wandert, sondern Zeitkarten: Wer eine Nummer zieht, erspart sich lange Wartezeiten.

Die Wartenummern, erklärt mir die Tafelgründerin Elke Pawelski, eine weißblonde Dame mit herzlichem Lachen, seien nötig geworden, weil sich morgens schon bis zu hundert Menschen vor dem Laden stauten – das habe zu Spannungen mit den Nachbarn geführt. Jetzt müsse keiner der Kunden länger als fünfzehn Minuten warten. »Das ist auch angenehm für Leute, die nicht so lang stehen können oder die sich schämen«. Die Kunden der Tafel seien vor allem Rentnerinnen und Alleinerziehende, sagt Pawelski. In den letzten Jahren kämen auch Familienväter, die Arbeit hätten, aber trotzdem »aufstocken« müssten. »Die Tafel wuchs mit einer Schnelligkeit, die auch erschreckend ist. Schließlich zeigt es, wie viele Arme es in unserer Wohlstandsgesellschaft mittlerweile gibt.«

Pawelski war Sozialarbeiterin bei der Rosenheimer Diakonie, als sie 2001 dort eine Tafel gründete. »Es war das Europäische Jahr der Freiwilligen und ich sollte mir dazu ein Projekt einfallen lassen«, erzählt sie. Von den Tafeln hatte sie schon viel gehört, nicht nur aus Berlin, auch in München und Augsburg gab es bereits welche. Sie inserierte in der Lokalzeitung und bekam noch am selben Tag Antwort von fünfzehn Frauen, die mitarbeiten wollten. Zusammen eröffneten sie im Mai 2002 die Rosenheimer Tafel. Anfangs fuhr Pawelski die Lebensmittel noch in ihrem Privatauto durch die Gegend. Heute hat die Rosenheimer Tafel zwei Ausgabestellen und 50 Mitarbeiter. 2003 luden interessierte Wasserburger Bürger die Tafel-Gründerin ein, um über ihre Erfahrungen aus der Kreisstadt zu berichten. Noch im selben Jahr half Pawelski, die Wasserburger Tafel zu gründen – auch mit privaten Hintergedanken. »Ich wollte mich nach meiner Pensionierung 2006 weiter an meinem Wohnort engagieren.« In Wasserburg, wo im Vergleich zu Rosenheim die ländliche Welt noch in Ordnung zu sein schien, war man anfangs skeptisch, ob sich eine Tafel überhaupt lohnen würde.

»Eine Sozialpolitikerin aus der CSU-Fraktion fragte mich: ›Meinen Sie, dass so etwas in unserem Wasserburg wirklich nötig ist?‹, erinnert sich Pawelski. »Auch bei den Betroffenen selbst musste ich am Anfang in der Kirche ganz massiv für die Tafel werben. Denn die alleinstehenden Rentnerinnen, von denen es viele gibt im ländlichen Bayern, sind zwar arm, aber auch sehr stolz. Sie wollen niemandem auf der Tasche liegen. Die ersten kamen zur Ausgabestelle im Pelzmantel und mit ihrem besten Schmuck, keiner sollte auf den ersten Blick sehen, dass sie nichts im Kühlschrank haben. Jetzt aber kommen sie alle. Es kommen auch türkische Mitbürger, allerdings nur die Frauen, die Männer schämen sich. Unter den Russlanddeutschen ist die Tafel sogar zu einem richtigen Treffpunkt geworden: Viele verabreden sich extra früher vor unserem Laden und setzen sich zum Plausch draußen auf die Bierbänke.«

Ungefähr 130 Menschen kommen jeden Dienstag in das kleine Ladenlokal, am Monatsende sind es mehr. 32 Freiwillige helfen bei der Abholung, der Sortierung und Ausgabe der Lebensmittel. Viele davon sind pensioniert, wie Pawelski, andere arbeiten als Krankenschwester, Verwaltungsangestellte, Hausfrauen. Nur acht Männer sind darunter, »die müssen oft ran und die schweren Kisten schleppen«. In der Wasserburger Gesellschaft ist die Tafel mittlerweile akzeptiert.

Der Sparkassenchef spendiert zu Weihnachten Benzingutscheine für die Mitarbeiter, die CSU-Fraktion ist dabei behilflich, günstige Erweiterungsräume anzumieten. Denn die Tafel, die mittlerweile am dritten Standort angekommen ist, platzt schon wieder aus allen Nähten. Lokale Lebensmittelhersteller wie die Molkereibetriebe Meggle und Bauer zeigen sich großzügig und spenden Waren, die noch lang nicht abgelaufen sind. »Wir nehmen auch nur Waren, deren Mindesthaltbarkeitsdatum am Tag der Lebensmittelausgabe endet. Das ist eine Frage der Würde, wir sind schließlich kein Entsorgungsbetrieb«, sagt Pawelski.

Keine abgelaufenen Waren zu verteilen, gehört zu den Grundsätzen, auf die sich alle deutschen Tafeln verpflichtet haben. Obwohl die meisten Lebensmittel auch noch ein paar Tage nach dem Ablaufdatum genießbar sind, will man den Kunden nicht das Gefühl geben, den Abfall der Gesellschaft zu bekommen. »Wir sind wie ein Tante-Emma-Laden, es gibt von allem etwas«, beschreibt Elke Pawelski das Selbstverständnis der Wasserburger Tafel. Damit nichts wegkommt, kooperiert man mit anderen Tafeln und Hilfseinrichtungen und tauscht Lebensmittel untereinander. »Ich finde es gut, dass sich das Hilfsnetz über ganz Deutschland ausweitet – auch weil so weniger genießbare Lebensmittel weggeworfen werden. Ich bin ein Kriegskind – die Vorstellung, dass wir in Deutschland 25 Prozent aller Lebensmittel wegwerfen, ist für mich unerträglich.«

Ungefähr zehn Stunden pro Woche investiert die Rentnerin in die Tafel. Eine Aufwandsentschädigung bekommt sie dafür nicht, die Diakonie zahlt lediglich 15 Euro im Monat für ihr Handy, unter dessen Nummer die Tafel erreichbar ist. Einmal im Jahr werden alle Tafelmitarbeiter zum Essen eingeladen und es gibt ein Sommerfest. »Mehr möchte ich auch gar nicht, ich weiß aber auch, dass man sich so eine unentgeltliche Arbeit auch leisten können muss«, sagt Pawelski. »Ich kann es und habe den Wunsch, der Gesellschaft etwas zurückzugeben. Obwohl – so edel bin ich gar nicht: Vor allem bewege ich mich gern in diesem netten Kreis von Frauen, der eine richtige Gemeinschaft geworden ist.«

Seit ein paar Jahren gibt es in Wasserburg nicht nur kostenlose Lebensmittel für Bedürftige, sondern auch ein Sozialkaufhaus der Diakonie und einen Kleiderladen des bayerischen Roten Kreuzes. Angesichts dieser allesamt gut frequentierten Hilfseinrichtungen dürfte kein Politiker mehr daran zweifeln, dass »in unserem Wasserburg so etwas wirklich nötig ist«.

In Berlin, seit dem Ende des Kalten Krieges nicht mehr Frontstadt, sondern Transferleistungsempfängerhauptstadt der Republik, hat an der Not der Menschen schon 1993 keiner gezweifelt. Als die Unternehmerin Sabine Werth und ihre Freundinnen vom Charity-Verein »Berliner Frauen e. V.« vom City-Harvest-Projekt in New York erfuhren, in dem Freiwillige seit 1983 übrig gebliebenes Essen aus Restaurants und Läden an Hungernde verteilten, waren sie Feuer und Flamme. »Die Idee war einfach und genial«, erinnert sich Werth. Die drei Frauen sprachen Firmen an und transportierten die Waren im eigenen Auto zu Obdachloseneinrichtungen. Schnell professionalisierte sich die Arbeit – Sabine Werth gab ihre Firma auf und widmete sich ganz dem Aufbau der Tafel, die bald auch Sozialhilfe- und Hartz-IV-Empfänger mit einschloss. Um Menschen in ihrer individuellen Notlage erreichen zu können, gab es bald auch Abgabestellen in Kirchengemeinden, wo sich Bedürftige frische Lebensmittel zum Selbstkochen abholen konnten. So entstand die erste Tafel in Deutschland.

Wenn man Sabine Werth heute in ihrem Büro auf dem Gelände des Berliner Großmarkts besucht, erlebt man ein modernes Großunternehmen: Auf 1200 Quadratmetern Fläche lagern Obst, Gemüse und andere Lebensmittel. Bis zu 80 Sortierer bereiten im Schichtbetrieb die Ware für den Transport vor, etwa 80 Helfer koordinieren die Logistik, mit der rund 660 Tonnen Lebensmittel im Monat an 125 000 Bedürftige verteilt werden.

Die Lebensmitteltafel ist eine deutsche Erfolgsgeschichte. In Werths Büro hängt eine mit roten Punkten übersäte Deutschlandkarte. 900 örtliche Initiativen zählt der nationale Dachverband »Deutsche Tafeln e. V.« bundesweit – während sich in Bayern die Punkte überlappen, schimmert in Brandenburg noch viel Weiß durch. Warum hat ausgerechnet das wohlhabende Bayern die höchste Tafeldichte? Werth seufzt und antwortet: »Der Aufbau von Tafelsystemen hat mittlerweile irre Ausmaße erreicht. Es ist ein richtiger Hype entstanden. Jeder will jetzt eine Tafel betreiben, weil uns alle so toll finden.« Freut sich die Gründerin der Tafelbewegung etwa nicht über ihren Erfolg?

Nein, sagt die resolute Frau mit der randlosen Brille.

Das Dilemma sei, dass der Erfolg der Tafeln gleichzeitig ihr Versagen sei. Es sei das historische Verdienst der Einrichtungen, die Armut sichtbar gemacht zu haben. »Zu Kanzler Kohls Zeiten dachten die meisten, es gebe keine Armen in Deutschland.« Die Medienberichte über Menschenschlangen vor den Ausgabestellen hätten einen Bewusstseinswandel herbeigeführt, sagt Werth. Doch während der wohltätige Gedanke allgemein salonfähig geworden sei, habe sich das sozialpolitische Anliegen der Bewegung nicht durchgesetzt, so die Gründerin selbstkritisch: »Die Tafeln sollen ein Signal an Politik und Gesellschaft sein und nicht eine Lizenz zum Sich-Zurückziehen aus der Sozialpolitik. Aber weil das System so gut funktioniert, gibt es sogar Orte, wo der Bürgermeister selbst eine Tafel unterhält. Das finde ich unterirdisch, kann aber leider nichts dagegen unternehmen.«

Als politisch denkender Mensch fühlt sich die 2003 mit dem Bundesverdienstkreuz geehrte Tafelgründerin immer wieder missverstanden. Die oft geäußerte Kritik, dass sich dadurch nichts an den Ursachen der Armut ändere und die Bedürftigen zu passiven Almosenempfängern würden, kann sie gut nachvollziehen. Selbst ärgert sie sich über Umfragen, wonach rund eine Million Tafelkunden finden, diese Leistung stehe ihnen zu. Eigentlich, findet sie, müssten alle 1,5 Millionen Bedürftigen und 50 000 Ehrenamtlichen streiken. Die Tafeln schließen und demonstrieren gehen, etwa für ein bedingungsloses Grundeinkommen. Aber die studierte Sozialpädagogin ist viel zu pragmatisch, um es beim Politisieren zu belassen: »Hilfe muss man gleich leisten, wenn man die Möglichkeit dazu sieht«, sagt sie entschieden. »Das entbindet einen aber nicht von der Pflicht, trotzdem auf längerfristige Veränderungen in der Sozialpolitik hinzuwirken.«

Jenseits der Versorgung arbeiten die Tafeln auch daran, ein bewussteres Verhältnis zum Essen zu fördern. An Nahrung mangelt es uns nicht, wohl aber an einem verantwortungsvollen Umgang damit: In Deutschland werden jährlich rund elf Millionen Tonnen Nahrungsmittel entsorgt, die meisten davon in Privathaushalten. Nicht nur Hartz-IV-Empfänger haben Schwierigkeiten dabei, aus frischem Obst und Gemüse eine gesunde und preiswerte Mahlzeit zu kochen, wie Sabine Werth beobachtet. Es gibt Grundschulkinder, die nicht wissen, wie eine frische Gurke schmeckt. Und Erwachsene, die nicht in der Lage sind, selbst Kartoffelbrei zu kochen, weil sie nur den aus der Tüte kennen. Die Tafeln versuchen, den Deutschen wieder Wertschätzung für Frisches nahezubringen. Mit Kochbüchern oder fahrenden Kochstudios wie dem Berliner »Kimbamobil«, in denen Schulkinder und Familien unter professioneller Anleitung kochen.

Dass sich unser Verhältnis zum Essen ändern muss, glaubt auch die 2002 vom ehemaligen Greenpeace-Chef Thilo Bode gegründete Nichtregierungsorganisation »foodwatch«. Die im Verein organisierten »Essenretter«, so ihre Selbstbeschreibung, verstehen sich als Lobbyorganisation für bewusste Verbraucher. Foodwatch klärt über richtige Vorratshaltung, Ernährungsfragen und Zusätze in Nahrungsmitteln auf und initiiert Kampagnen gegen Werbelügen oder Subventionsirrsinn.

Gut 25 000 Mitglieder sorgen bei Briefkampagnen und Boykottaufrufen für die kritische Masse. Die Organisation nutzt bewusst demokratische und marktwirtschaftliche Strukturen, um Veränderungen zu erzielen. Durch die Mobilisierung kritischer Konsumenten, die beanstandete Produkte boykottieren, will man eine Verhaltensänderung bei den großen Konzernen erzwingen. Und durch das Nutzen demokratischer Instrumente wie Petitionen und Klagen werden zuständige Politiker auf Trab gehalten, indem etwa Klüngeleien zwischen der Produzentenlobby und dem Verbraucherministerium aufgedeckt werden.

Eine durchaus erfolgreiche Strategie: Durch eine Klage erreichte Foodwatch, dass der Urangehalt von Mineralwasser veröffentlicht werden muss. McDonald's musste Strafe zahlen, weil es fälschlich behauptet hatte, Brötchen ohne Zusatzstoffe zu verkaufen. Und Hersteller wie Hipp oder Nestlé wurden gezwungen, ihre Rezepturen für Kindernahrungsmittel zu ändern, da diese zu viel Zucker enthielten.

Während sich die Arbeit von Foodwatch auf eine Verbesserung und Änderung des Konsumangebots konzentriert, gibt es Aktivisten, die aus dem Konsumkreislauf aussteigen. Die aus Fernsehtalkshows bekannte Vollzeitaktivistin Hanna Poddig etwa hat das »Containern« bekannt gemacht. Das bedeutet, nachts genießbare Lebensmittel aus Müllcontainern von Supermärkten zu holen. Anhänger des Containerns haben sich in der »Initiative gegen die Vernichtung von Lebensmitteln« zusammengetan. Da es sich beim Containern um eine illegale Praxis handelt, tritt die Bewegung aus antikapitalistisch motivierten Aktivisten nur anonymisiert auf Internetseiten wie »Anarchopedia« in Erscheinung, lokal ist man untereinander über linke Politgruppen vernetzt.

Da sich in der Bevölkerung offensichtlich eine Unzufriedenheit mit der Produktion und dem Umgang mit Nahrungsmitteln aufgestaut hat, griff auch die zuständige Verbraucherministerin Ilse Aigner (CSU) das Thema auf. Im März 2012 startete sie eine Informationskampagne gegen Lebensmittelverschwendung: »Zu gut für die Tonne«. Die Tafeln waren dabei mit im Boot, die Container-Aktivisten und der Verein Foodwatch nicht. Auch das »Kritische Aktionsbündnis 20 Jahre Tafeln« blieb fern. Die Initiative, die den Tafeln vorwirft, ein billiger Ersatz für fehlende Sozialpolitik zu sein, kritisiert, dass die Tafeln der Lebensmittelindustrie außerdem eine preiswerte Entsorgungsmöglichkeit böten. Kein Essenshersteller käme da noch auf die Idee, einfach weniger Überschüsse zu produzieren.

Umverteilen oder gleich weniger produzieren – die Bürger, die sich auf ganz unterschiedliche Weise für mehr Essensgerechtigkeit einsetzen, mögen politisch verschiedener Meinung sein. Eines eint sie jedoch: Sie suchen nach den Ursachen dafür, dass sich unsere Lebensmittelindustrie einerseits die Vernichtung großer Mengen genießbarer Nahrung leistet. Während sich arme Menschen genau diese Nahrung nicht mehr leisten können. Und sie wollen diese Ursachen beseitigen – und nicht nur Verschwendung bekämpfen. Damit sind die Bürger im Kopf bereits bedeutend weiter als die zuständige Ministerin.

Alles für die eigenen Kinder: die Kitagründerin

Es muss doch auch anders gehen! Die Unzufriedenheit mit dem, was ist, und der Tatendrang, es selbst besser machen zu wollen, stehen am Anfang vieler Freiwilligeninitiativen. Besonders wenn es um das eigene Kind geht, werden viele Menschen aktiv. Zum Beispiel die vierzigjährige Claudia Halici aus dem schwäbischen Schöckingen. Die Kulturwirtin und ihr Mann sind beide im Ruhrgebiet aufgewachsen. Der Jobs wegen zogen sie nach dem Studium nach Baden-Württemberg und der Kinder wegen schließlich aufs Land. Sie wohnen in einer Doppelhaushälfte in einer verkehrsberuhigten Straße, um die Ecke ist ein Ponyhof, dahinter Wiesen und Wälder. Eine ländliche Idylle. Doch als das erste Kind ins Kindergartenalter kam, waren die Halicis enttäuscht. Denn die Kindergärten vor Ort entsprachen nicht ihren Vorstellungen vom Aufwachsen in und mit der Natur. Claudia Halici beschloss daraufhin, mit Gleichgesinnten einen Waldkindergarten zu gründen. Gar nicht so einfach – wenn man noch dazu den Anspruch hat, ein Angebot zu schaffen, das allen Familien offensteht.

»2010 habe ich mit ein paar anderen Eltern die ›Buntspechte‹ gegründet, weil wir das Konzept der herkömmlichen Kinderbetreuung ablehnten: Den ganzen Tag waren die Kinder in geschlossenen Räumen, allenfalls im Garten oder auf dem Spielplatz, aber immer in künstlichen Spielwelten. Wir fanden: Kinder gehören in die Natur, bei jedem Wetter, sie sollen sich dreckig machen dürfen und frei spielen. Ohne Spielzeug und pädagogische Daueranleitung, nur mit dem, was sie in der Natur finden.

Deshalb wollten wir einen Kindergarten nach den Grundsätzen der Waldpädagogik gründen. Waldkindergärten gibt es schon viele in Deutschland, auch in Baden-Württemberg, der pädagogische Ansatz ist bekannt und erprobt. Im Kita-Gesetz steht ja ausdrücklich, dass die Vielfalt in der Kindergartenlandschaft politisch gewollt ist. Aber während des Gründungsprozesses stellten wir schon bald fest, dass das nur auf dem Papier so ist. Staatlich wird die Vielfalt keineswegs gefördert. Man setzt auf die ehrenamtliche Arbeit der Eltern, so nach dem Motto: ihr wollt es ja unbedingt, dann macht mal.« Halici spricht nach fast zwanzig Jahren in Süddeutschland immer noch reinsten Ruhrpott-Dialekt.

Kindergärten haben Anspruch auf eine staatliche Förderung zu 63 Prozent, die sogenannte Zweidrittel-Förderung. Das bedeutet, dass der Kindergarten das verbliebene Drittel aller laufenden Kosten selbst finanzieren muss. Wer dies über hohe Elternbeiträge abfängt, verliert allerdings die Förderungswürdigkeit. Denn die Voraussetzung für staatliche Förderung ist, dass sich das Angebot alle Eltern leisten können müssen. »Das ist ein Widerspruch im System!«, sagt Halici und berichtet, wie die »Buntspechte«

schließlich das Dilemma lösten: »Wir haben den Elternbeitrag niedrig gehalten und zusätzlich Geld akquiriert: Tombolas veranstaltet, Kuchen verkauft, Spenden eingeworben. Und den Betrieb zunächst mit einer Teilzeit-Erzieherin und zwei Müttern gestartet. Zum Glück hatten wir aber im Oberbürgermeister einen persönlichen Unterstützer, er hat immerhin durchgesetzt, dass wir von Anfang an in die Bedarfsplanung aufgenommen wurden. Sonst hätten wir uns drei Jahre lang ›auf Probe‹ alleine durchhangeln müssen, aber welche Erzieherinnen und welche Eltern machen das mit?«

Rückblickend findet Halici, dass es bei den »Buntspechten« noch vergleichsweise glatt gelaufen sei mit der Gründung. Der Waldkindergarten, der im Wesentlichen aus einem beheizbaren Bauwagen auf einer Wiese besteht, beschäftigt drei Erzieherinnen und bietet Platz für zwanzig Kinder. Es gibt einen Trägerverein und einen Elternbeirat, die Zusammenarbeit zwischen Eltern und Erziehern funktioniert. Wenn in der Gemeinde am Ende des Jahres Ehrenamtliche ausgezeichnet werden, sei der Waldkindergarten allerdings nie dabei, beklagt Halici. Geehrt würden Lesepaten oder »Leute, die zweimal im Jahr einen Kirchenbasar veranstalten«.

Dass der durch unermüdliches Eltern-Engagement getragene Kindergarten immer leer ausgehe, sei kein Zufall, vermutet sie: »Wir sind im Dorf nicht unumstritten. Die Idee, dass Kinder jeden Tag und bei jedem Wetter und fast ohne Spielzeug draußen verbringen, gefällt nicht jedem. Wir spalten das Dorf in Gegner und Fans – wobei die Fans bis heute in der Unterzahl sind. Klar, dass wir keinen Preis bekommen, schließlich wollen beim Thema Ehrenamt ja alle Harmonie. Aber Preise sind unsere einzige Anerkennung. Ich fände das wichtig.«

Claudia Halici, die, wie sie sagt, zwei Jahre lang sehr viel Zeit und Nerven investiert hat, um den Kindergarten aufzubauen, hat den Vorstandsvorsitz jetzt abgegeben. Ihre beiden Kinder sind aus dem Kindergartenalter heraus. Der Einsatz hat sich gelohnt, nicht nur für die eigenen Kinder, sagt sie. »Mein Mann, die anderen Kindergarteneltern und ich sind nach wie vor vom Konzept Waldkindergarten begeistert und stolz darauf, dass unsere Kinder sich nie in der Natur langweilen. Dafür wohnen wir schließlich hier auf dem Land. Und es ist toll, eine Alternative für hoffentlich noch viele Elterngenerationen geschaffen zu haben. Aber leicht macht es einem der Staat nicht, wenn man sich engagieren will.«

Die Steuerung des Kita-Angebots liegt in der Zuständigkeit der einzelnen Gemeinden. 2010 noch war die Stadt Ditzingen zögerlich mit der Förderung des privat organisierten Waldkindergartens. Jetzt, wo der Rechtsanspruch von Eltern auf einen Betreuungsplatz naht und der Bund die Kommunen unter Druck setzt, mehr Plätze zu schaffen, legt man den »Buntspechten« plötzlich nahe, doch eine zweite Gruppe aufzubauen. Natürlich mit städtischer Unterstützung. Das neu erwachte Interesse am Elternengagement erfolgt aber aus den falschen Motiven, vermutet Halici: »Die Stadt ist inzwischen auf den Trichter gekommen, dass Kinder nirgends so billig und gut betreut werden können wie bei uns.« Schließlich fallen für Waldkindergärten weder kostspieliger Gebäudeunterhalt noch große Verwaltungskosten an: Als Basislager fungiert ein ausgebauter Bauwagen, Verwaltung und Reinigungsarbeiten erledigen die Eltern ehrenamtlich. Was aber für zwanzig Kinder angemessen sei, so die Buntspecht-Mitgründerin, funktioniere für doppelt so viele Kinder nicht mehr. In der Waldpädagogik gehe es schließlich nicht um möglichst billige Betreuung für möglichst viele Kinder, sondern um Qualität.

Hier zeigt sich ein Grundsatzproblem vieler Elterninitiativen: Ein Konzept, das für das eigene Kind (und noch ein paar andere) erdacht wurde, ist nicht massentauglich. Turnen plötzlich sechzig Kinder statt zwanzig im Wald herum, braucht man mehr Personal, mehr Toiletten, mehr Platz. Eine Großeinrichtung wiederum benötigt mehr Bürokratie, mehr Struktur – auf die Gefahr, dass das pädagogische Konzept verwässert und der Zauber dahin ist. Dafür profitieren dann aber auch mehr Kinder von der Einrichtung, und nicht nur ein paar wenige. Bleibt man dagegen klein und unter sich, droht man vom Dorf, vom Landkreis, kurz: von der »Mehrheitsgesellschaft« als abgeschottete Einheit betrachtet zu werden und weniger Verständnis zu ernten.

Die »Buntspechte« sind klein und selbstverwaltet geblieben – mit allen Mühen, die damit verbunden sind: An den Eltern bleibt viel Arbeit hängen. Den Weg der ehrenamtlichen Arbeit (statt bezahlter Mitarbeiter) haben sie aber auch gewählt, weil sie für alle erreichbar bleiben wollen, die sich für Waldpädagogik interessieren. Damit hat der schwäbische Kleinkindergarten ein anderes Selbstverständnis als die kommerziellen Anbieter, die auf den Kinderbetreuungs-Markt drängen. Auch Einrichtungen wie die »Little Giants«-Kette haben oft neuartige pädagogische Konzepte, die das bestehende Angebot ergänzen.

Mit den gestiegenen Ansprüchen vieler Eltern an die Kinderbetreuung lässt sich viel Geld verdienen. Die große Frage aber ist: Will man mit der Elitenbildung schon bei den Kleinsten anfangen? Wer sich als Kindergartengründer bewusst dagegen entscheidet und darauf beharrt, ein neues Mitglied im »ganz normalen« Betreuungsangebot zu werden, ist auf die Kommune angewiesen. Genauer gesagt auf ihr Geld. Betriebskosten, Honorare, Essen, Ausstattung: den Waldkindergarten Schöckingen mit zwanzig Kindern und 2,5 Erzieherinnen ein Jahr lang zu betreiben kostet rund 100 000 Euro. Will man diese Summe nicht der Elterngemeinschaft aufbürden, muss man Teil des städtischen Betreuungsangebots werden. Die »Buntspechte« haben das geschafft und bekommen derzeit rund 63 000 Euro Fördermittel im Jahr – bleiben 37 000 Euro, die über Eltern- und Mitgliedsbeiträge sowie Erlöse bei Festen und Flohmärkten aufzufangen sind.

Bis 2014 gibt der Bund den Ländern fast 5,4 Milliarden Euro, um zusätzliche Plätze in Kitas und in der Kindertagespflege zu schaffen und ihren Betrieb zu finanzieren. Wer rein möchte in die »Bedarfslandschaft«, muss sich erst mühsam durchschlagen. Den Wert jahrelangen freiwilligen Engagements erkennen Politiker oftmals erst dann, wenn es ihren eigenen Zielen (in diesem Fall der fristgerechten Schaffung ausreichender Kindergartenplätze bis August 2013) entgegenkommt. Für die Betroffenen kommt diese Würdigung oft zu spät: Wer Verwaltungen und Politiker als Hindernisse und Widersacher erlebt hat, wird sich hüten, diese Erfahrung zu wiederholen.

Dabei kommen gerade im Pädagogikbereich immer wieder entscheidende Impulse aus der Zivilgesellschaft.

Es waren überzeugte Eltern und nicht Bildungs- oder Familienministerinnen, die Montessori- oder Waldorfpädagogik an deutschen Kindergärten und Schulen etabliert haben. Zunächst bisweilen gegen Widerstände von Mitmenschen und Behörden. Doch auch Behörden können sich bewegen: In Hamburg-Wilhelmsburg etwa plant der Schulsenat derzeit die Einrichtung einer interkulturellen Waldorfschule. Die erste, die komplett vom Staat finanziert wird, um Eltern aus dem nicht sehr wohlhabenden Stadtteil das Schulgeld zu ersparen.

Bildung ist allerdings Ländersache: Während Hamburg sich entscheidet, reformpädagogische Elemente in das offizielle Bildungsangebot zu übernehmen, sieht es etwa in Brandenburg ganz anders aus. Dort sind so viele Eltern mit den staatlichen Bildungseinrichtungen so unzufrieden, dass sie unverdrossen Schulen in freier Trägerschaft gründen. Die große Anzahl der Privatschulen (im Schuljahr 2012/2013 gab es 862 allgemeinbildende Schulen, 131 davon in freier Trägerschaft) empfindet die rot-rote Landesregierung offenbar als Konkurrenz und beschloss 2011 eine massive Kürzung von Geldern für freie Träger. In der Folge gaben die ersten Träger geplante Schulgründungen wieder auf. Die Eltern, die den staatlichen Schulen scharenweise den Rücken gekehrt haben, sollen wieder zurück ins staatliche System gezwungen werden. Eine Volksinitiative, die sich gegen die Schlechterstellung freier Träger wandte, wurde im Landtag abgelehnt, woraufhin mehrere freie Träger vor das Bundesverfassungsgericht zogen.

Wer sich also für pädagogische Alternativen starkmacht, kann Glück oder Pech haben. Jedes Bundesland pflegt seine eigene Bildungspolitik. Je nachdem, wohin die zuständigen Politiker geneigt sind, werden engagierte Eltern als Bürger mit interessanten Ideen zu Gesprächen eingeladen – oder behandelt wie Egoisten, die ihre Kinder am staatlichen Bildungssystem vorbeimogeln wollen.

Dass Elternengagement aber auch recht egoistisch daherkommen kann, zeigt ein Beispiel aus Hamburg: 2009 stoppten Eltern dort per Volksentscheid eine Schulreform der schwarz-grünen Landesregierung. Sie verhinderten die geplante Verlängerung der Grundschulzeit von vier auf sechs Jahre – weil sie befürchteten, dass ihre Kinder auf dem Gymnasium in der kürzeren Zeit nicht genug lernen würden und damit auf dem internationalen Arbeitsmarkt Nachteile hinnehmen müssten. Die Regierung hatte mit der Reform schwächere und sozial benachteiligte Schüler fördern wollen. Doch damit stieß sie auf den Widerstand einer gebildeten Elternschaft, denen die Bildungschancen des eigenen Nachwuchses wichtiger waren als das Ziel gesamtgesellschaftlicher Gerechtigkeit.

Ich muß zugeben, dass mir der Schöckinger Waldkindergarten sympathischer ist als die Hamburger Elterninitiative. Doch auch die Hamburger haben Freizeit und Energie investiert, sich ehrenamtlich betätigt, um (aus ihrer Sicht) die Qualität von Gymnasien zu erhalten. Beide Gruppen verteidigen ihre Vorstellung von Pädagogik, die einen, in dem sie etwas Neues schaffen, die anderen, indem sie Neues verhindern. Sind die einen also gute, die anderen schlechte Engagierte? Und wer soll das beurteilen? Der Übergang zwischen Gemeinwohlorientierung und knallharter Interessenvertretung ist fließend. Man kann sich aber bei jeder einzelnen Initiative die Frage stellen: *Cui bono*, wem dient es?

In der Bürogemeinschaft, in der ich dieses Buch schreibe, arbeitet auch die Künstlerin Anne-Christin Plate. Die 36-Jährige und ihr Partner haben zwei Söhne, einer von ihnen hat das Down-Syndrom. Nach der Geburt suchten die überforderten Eltern Kontakt zu einer Beratungsstelle der Selbsthilfeorganisation »Lebenshilfe« und schlossen sich einer Gruppe betroffener Eltern an. Ihr Sohn Tony ist mittlerweile acht. Aus der Selbsthilfegruppe ist ein Elterntelefon hervorgegangen, das Plate und ihr Partner zusammen mit anderen Paaren betreiben. Unter einer kostenlosen Rufnummer geben acht Familien ihre Erfahrungen an betroffene Eltern und Angehörige weiter: Was bedeutet es, mit einem behinderten Kind zu leben? Wie bewältigt man den Alltag, welche Betreuungsmöglichkeiten gibt es in Berlin?

Wie ein Ehrenamt fühle sich das Telefonieren gar nicht an, sagt die pragmatische Frau, die ihren Sohn jeden Morgen auf einem alten Postfahrrad zur Schule fährt. Einer ganz normalen Waldorfschule übrigens. Das Elterntelefon betreibe sie »in erster Linie aus Egoismus. Ich wünsche mir, dass etwas anders wird: Es ist mir ein Anliegen, Menschen, die ein behindertes Kind erwarten, die Angst zu nehmen. Ihnen zu zeigen, wie vielfältig unsere Gesellschaft ist und dass Menschen mit Down-Syndrom ein selbstverständlicher Teil davon sind. Die Unterstützung, die ich selbst erfahren habe, will ich weitergeben. Das ist es schon. Helfen will ich, aber auch nicht allzu viel aufgeben dafür.«

Wenn Plate und ihr Freund Dienst haben, schalten sie das eigens dafür angeschaffte Handy an den Abenden und Wochenenden frei. Auf die Gespräche haben sie sich in einem Seminar bei der Berliner Telefonseelsorge vorbereitet. Von einigen Grundsätzen der professionellen Seelsorge weichen sie allerdings bewusst ab, zum Beispiel von der eisernen Regel, stets die Anonymität zu wahren. »Leute, die unbedingt persönlichen Kontakt wollen, lade ich schon mal zu uns nach Hause ein oder gehe mit ihnen auf den Spielplatz«, erzählt Plate. »Mit einer Mutter, die ich während der Schwangerschaft beraten und vor zwei Jahren eingeladen habe, treffe ich mich noch heute. Es ist ein schönes Gefühl, dass vielleicht ich es gewesen bin, die ihr den Mut gegeben hat, sich für das Kind zu entscheiden.« Für die Schwangerschaftsberatung sind eigentlich andere Stellen zuständig, die Hotline richtet sich an Eltern, die sich bereits für ihr behindertes Kind entschieden haben und nun konkrete Fragen haben: nach Treffpunkten oder nach Anwälten, die behinderten Kindern einen Platz in der Regelschule erkämpfen können.

Das Telefon-Team trifft sich alle zwei Monate zum Erfahrungsaustausch. Viele Diskussionen drehen sich darum, wie man das Beratungsangebot bekannter machen könnte. »Viele Anrufer hat die Hotline nicht: jede Familie nimmt ungefähr fünf Anrufe im Jahr entgegen. Das liegt bestimmt nicht daran, dass es so wenig Bedarf gibt. Sondern daran, dass wir keine Zeit haben, uns bekannter zu machen«, sagt Plate und sieht dabei bekümmert aus. Ein Vater verteile Flyer in Krankenhäusern und Frauenarztpraxen, sie selbst habe einen Artikel in der »Lebenshilfe«-Zeitung geschrieben. Aber neben der Arbeit und den Kindern schaffe man einfach nicht mehr an Öffentlichkeitsarbeit. Die Lebenshilfe, eine der bekanntesten Selbsthilfeorganisationen Deutschlands, unter deren Trägerschaft das Elterntelefon steht, hat die Hotline-Nummer nun auf ihrer Berliner Website platziert – aus einer »egoistischen« Elternidee wurde so ein offizielles Beratungsangebot.

Dass sich Betroffene zusammenschließen und Erfahrungen austauschen, ist eine Idee, die in den Siebzigern populär wurde. Die Selbsthilfebewegung war in erster Linie eine Emanzipationsbewegung: Statt sich von »Halbgöttern in Weiß« und anderen Experten gängeln zu lassen, spendeten sich Laien untereinander Rat, Trost und Hilfe. Anfangs als Kaffeekränzchen verlacht, sind heute rund drei Millionen Bundesbürger in Selbsthilfegruppen organisiert. Die Deutschen gelten mittlerweile als Weltmeister der Selbsthilfe: Ob Kinder mit Down-Syndrom, Kaufsucht, Erektionsstörungen – für fast jede psychische, gesundheitliche, soziale Lage, in die Menschen geraten können, gibt es eine Gruppe. Auch wenn egoistische Motive, die Verbesserung der eigenen Lebenssituation, im Vordergrund stehen mögen: Selbsthilfe sorgt für flächendeckende Aufklärung und hilft dadurch, manche Fehldiagnose zu vermeiden. Die Strukturen sind schlank – und billig.

Ehrenamtliche wie Anne-Christin Plate brauchen nicht mehr als ein Handy und die Bereitschaft, ihre eigenen Erfahrungen mit anderen zu teilen. Später, sagt Plate, könne sie sich vorstellen, eine Patenschaft für einen Menschen mit Down-Syndrom zu übernehmen. Momentan arbeitet sie in ihren seltenen freien Minuten an einem Animationsfilm über ihre Familie. Weil sie nicht nur »Betroffene« sein will, sondern eine Mutter, die das Leben mit ihren beiden Kindern gleichermaßen genießt. Und die sich wünscht, dass mehr Menschen das so sehen. Mehr als neunzig Prozent der Mütter, die erfahren, dass das Baby in ihrem Bauch ein Down-Syndrom hat, treiben ab. »Als Familie sind wir umgeben von dem Gefühl, dass Kinder wie Tony nicht gewollt sind«, sagt sie. Gegen dieses Gefühl anzukämpfen, hat sie zu ihrer Aufgabe gemacht.

Wer Kinder hat, will für sie das Beste. Wenn das Beste aber schwer zu erreichen ist, weil das Kind oder die pädagogischen Vorstellungen der Eltern nicht dem gesellschaftlichen Durchschnitt entsprechen, dann werden Eltern selbst aktiv. Der Einsatz für die eigenen Kinder treibt erwachsene Deutsche reihenweise ins Ehrenamt: »Leben Kinder und Jugendliche im Haushalt, steigt das Engagement überdurchschnittlich an«, konstatiert der Freiwilligensurvey. Die Zahlen zeigen, dass sich Menschen zwischen 35 und 44 Jahren besonders stark und in zunehmendem Maß engagieren. Menschen mit Kindern gründen Kindergärten und Schulen, sie arbeiten in Freizeitvereinen, Selbsthilfegruppen oder in der Jugendarbeit mit.

Es ist aber nicht nur die Unzufriedenheit mit bestehenden Angeboten, die Eltern aktiv werden lässt. Auch die Befriedigung, selbst ein gutes gesellschaftliches Umfeld für Kinder zu schaffen, spielt eine Rolle. Deshalb strahlt elterliches Engagement, das vordergründig auf Eigennutz bedacht ist, über das Private, Familiäre hinaus: Wer selbst daran mitarbeitet, dass Kinderbetreuung naturnaher, Schulunterricht anspruchsvoller, die Akzeptanz behinderter Kinder größer wird, der ist nicht nur für die eigenen Kinder ein Vorbild. Er oder sie schafft auch gesellschaftliche Alternativen, die weiteren Generationen von Kindern und Eltern zugute kommen.

»Wir helfen den Leuten, von A nach B zu kommen«: die Bürgerbusfahrer

Stellen Sie sich vor, Sie wohnen in Aiglsham oder Ellerding und haben kein Auto und keinen Führerschein. Jeder Arzttermin, jeder größere Einkauf, jeder Friseurbesuch bedeuten für Sie einen Riesenaufwand: Sie müssen ihre Unternehmungen auf das spärliche Angebot des öffentlichen Nahverkehrs ausrichten. Aber damit allein ist es noch nicht getan: Weil es in Aiglsham und Ellerding keine Bushaltestelle gibt, müssen Sie zusätzlich einen Nachbarn oder Verwandten bitten, Sie zu fahren. In ländlichen Regionen wie dem oberbayerischen Chiemgau geht nichts ohne Auto. Wer nicht motorisiert ist, sitzt fest. Denn auch das Fahrradwegenetz ist dort schlecht ausgebaut. Eine blöde Situation, vor allem für ältere Menschen.

Seit ein paar Jahren gibt es einen Lichtblick für die Einwohner von Dörfern wie Pittenhart oder Seeon: den Bürgerbus. Der weiße Mercedes-Transporter trägt das offizielle Logo der Rosenheimer Verkehrsgesellschaft und hält als Linie 9480 pünktlich um 13.25 Uhr in Amerang. Obwohl auf der Dorfstraße weit und breit kein anderer Passagier zu sehen ist, wartet der Fahrer vorschriftsmäßig zwei Minuten. Dann erst startet er den Motor und fährt los.

Der Bürgerbusfahrer Robert Lingauer, grauer Kurzhaarschnitt, blitzblaue wache Augen im sonnengebräunten Gesicht, ist ein Oberbayer wie aus dem Bilderbuch: kernig, zupackend, von einer jovialen Fröhlichkeit, die gelegentlich etwas Dröhnendes bekommt. Zum Beispiel wenn er über sein Lieblingsthema erzählt: Motorsport und Verkehr. Lingauer liebt die Geschwindigkeit, war früher Slalom-Rennfahrer und fuhr Motorradrallyes. Mit Motorsport hat der Bürgerbus-Transporter wenig zu tun – auch wenn der Fahrer versucht, das behäbige Gefährt besonders sportlich in die Kurven zu lenken. Doch mit Verkehrspolitik kennt der Bürgerbusfahrer sich aus. Sobald wir den Dorfausgang passiert haben, drückt der 73-Jährige aufs Gaspedal und legt los: »Ich bin ein sehr verkehrsinteressierter Mensch – und ich rede gerne mit. Als nach dem Rio-Umweltgipfel 1992 überall lokale Agenda-Gruppen zu verschiedenen Themen entstanden, trat ich gleich der verkehrspolitischen Gruppe bei. Wir machten uns Gedanken darüber, wie man die vielen kleinen, weit auseinander liegenden Gemeinden verkehrstechnisch besser vernetzen kann. Daraus entstand die Idee für den Bürgerbus. Als der 2003 seinen Betrieb aufnahm, habe ich mich sofort als Fahrer eingetragen, heute fahre ich meine 270. Tour.«

Hinter Ellerding beschleunigt Lingauer so stark, dass sich mein Magen hebt. Doch schon in Aiglsham bremst er rasant wieder ab, um eine alte Dame einzuladen. Und fährt dann deutlich gemäßigter weiter. Die Möglichkeiten des Motors könne er leider nicht voll ausschöpfen, sagt er entschuldigend. Schließlich transportiere er hauptsächlich ältere Frauen, viele von ihnen hätten selbst nie den Führerschein gemacht. Jetzt seien sie verwitwet und auf die Fahrdienste ihrer Mitmenschen angewiesen.

Die Frau, die er nach Obing mitnimmt, muss zum Arzt, auf der Rückfahrt wird Lingauer sie wieder einsammeln. Der Bus sei ein Segen, sagt die Frau, sie könne auf diese Weise sogar einkaufen gehen, ohne ihre Enkeltochter zu belasten. Für den ehrenamtlichen Fahrer ist der Bürgerbus »ein schönes Hobby: Ich helfe anderen, von A nach B zu kommen, führe interessante Gespräche mit Einheimischen und Touristen. Jeder kann bei uns mitfahren, vorausgesetzt er passt hinein: Wir haben nur acht Plätze. Dafür ist die Fahrt billig: maximal 1,50 Euro, das kann sich jeder leisten. Und die herrliche Landschaft, die vorbeizieht, gibt es gratis dazu.«

Auch Lingauers Kommentare gibt es gratis, seine Ansichten über Land und Leute, die Politik im Landkreis und besonders die Verkehrssituation. Wann immer er auf seiner Route eine gefährliche Kreuzung oder irreführende Beschilderung bemerkt, macht sich der Bürgerbusfahrer eine Notiz und schreibt zu Hause gleich eine Eingabe an die Gemeinde.

»Ich muss mich einfach einmischen«, sagt er. »Ich war und bin in den verschiedensten Bereichen unterwegs: als Jugendtrainer, Moderator von Sportveranstaltungen, als Organisator im Faschingsverein oder im Skiclub. Ich bin eine Betriebsnudel, wie wir in Bayern sagen. Ich mag es, wenn ich auf der Strecke Dauergäste einsammle, mit denen ich das Neueste bespreche: wer gestorben ist, wer beim Arzt war, was die Politiker wieder gemacht haben.

Auch unter den Fahrern pflegen wir eine Gemeinschaft, obwohl wir alle recht verschieden sind. Aber wir treffen uns beim Sommerfest und der Weihnachtsfeier, die das Landratsamt als Dankeschön für uns veranstaltet. Lob ist mir aber peinlich. Jeder tut, was er kann. Und Autofahren kann ich gut – ich fahre, so lang man mich lässt.«

Robert Lingauers Vormittagstour startet um 8.25 Uhr in Amerang. Bis zum Ende seiner Schicht hat der weiße Transporter mit der Aufschrift »Bürger fahren für Bürger« 163 Kilometer auf zwei verschiedenen Routen durch zehn Gemeinden zurückgelegt. Er hat eine alte Dame zu ihrer Schwiegertochter gefahren und hat einer weiteren Rentnerin eine Vergnügungstour durch den Landkreis beschert. Er hat am Chiemsee ein paar Urlauber aus Köln eingesammelt und zu ihrem Hotel nach Gstadt gebracht. Weil Lingauer so gut in der Zeit lag, hat er zwei erschöpfte Wanderinnen ein paar Meter extra zu einem Aussichtsturm chauffiert.

In Eggstätt stieg ein Ehepaar mit Sohn zu – überzeugte Ökos, die aus Prinzip seit zwanzig Jahren ohne Auto in der Region leben und viel über Ölbohrungen im Langbürgner See, fehlende Radwege und korrupte Ortsbürgermeister schimpfen. Als in Endorf zwei junge Männer zustiegen, der eine hat den Arm im Gips, entspann sich im Bürgerbus ein lebhaftes Gespräch zwischen Menschen, die sonst vermutlich nie ins Gespräch gekommen wären. Am meisten redete dabei der Busfahrer, was in einem normalen Linienbus eigentlich verboten ist. Das ist der Bürgerbus-Geist, der sich an guten Tagen einstellt.

An schlechten sind es auch mal nur zwei Fahrgäste in vier Stunden. So wie bei Carola Woite, die nachmittags den Bürgerbus von Lingauer übernimmt. Die schmale 57-Jährige ist das Kontrastprogramm zum kernigen Lingauer: Sie fährt bedächtig und spricht leise, ohne bayerischen Akzent. Die pensionierte Bioladenverkäuferin kommt aus Luckenwalde, früher reiste sie mit dem Rucksack nach Indien, jetzt ist sie »überall dort dabei, wo Zusammenhalt wichtiger ist als Geld«. Zusammen mit anderen Frauen pflegt sie einen 92-Jährigen aus dem Dorf und unterstützt das kommunale Kino. Selbst nutzt Woite lieber das Fahrrad und bildet Fahrgemeinschaften mit anderen, der Umwelt zuliebe. Das Bürgerbusfahren betrachtet sie ganz nüchtern als Investition in die eigene Zukunft: »Ich werde auch älter, da bin ich dann auch froh, wenn mich jemand mitnimmt.«

Robert Lingauer und Carola Woite gehören zu einem Team von 34 Fahrern, die im Sommer fünf Mal, im Winter drei Mal wöchentlich täglich zwei Touren abfahren, Amerang – Obing – Eggstätt, Endorf, Prien. Und zurück. Der Bürgerbus Chiemsee ist die einzige öffentliche Linie in ganz Südbayern, die ausschließlich mit ehrenamtlichen Fahrern betrieben wird. Anders als im Verein organisierte Initiativen wie der Biberger Bürgerbus im Münchner Umland, ist der Bürgerbus Chiemsee eine gemeinsame Unternehmung von Landkreis und Stadt Rosenheim. Der Kleinbus ist von der regionalen Verkehrsgesellschaft geleast und wird als öffentliche Linie betrieben, die Gemeinden und das Landratsamt beteiligen sich an Versicherungs- und Benzinkosten. Nur die Fahrer werden nicht bezahlt.

»Das Projekt läuft seit fast neun Jahren mit vollem Erfolg«, sagt der Rosenheimer Landrat Hans Zagler (CSU) mit Stolz. »Der Bürgerbus bringt für zehn Gemeinden in den Landkreisen Rosenheim und Traunstein eine erhebliche Verbesserung der Beförderungssituation. Viele Verbindungen werden erst durch den Bürgerbus ermöglicht.« Der öffentliche Personennahverkehr in der Region sei stark von der Schülerbeförderung abhängig, diese brächte bis zu achtzig Prozent der Fahrgeldeinnahmen. Auf den Strecken abseits der Schulrouten rentiere sich der Busverkehr nicht. Seitdem es den Bürgerbus gibt, kann die alte Frau, die auf ihrem Einödhof in Aiglsham festsitzt, nun selbst zum Arzt. Der Arbeitnehmer mit gebrochenem Arm schafft es pünktlich zur Arbeit. Für die Betroffenen ist das gut – aber reicht es auch?

Ist ein von Ehrenamtlichen gefahrener Kleintransporter wirklich ein Ersatz für öffentlichen Nahverkehr und eine vernünftige Verkehrspolitik?

Den Bedürfnissen von Pendlern und Jugendlichen könne man mit dem bescheidenen Zusatzangebot natürlich nicht gerecht werden, räumt der Landrat ein. Wer etwa von Wasserburg ins fünfzig Kilometer entfernte München pendelt, muss sich erst mit dem »Stadtbus« von der Altstadt zum vier Kilometer entfernten Bahnhof quälen – die Teilstrecke bis zum Stadtbahnhof wurde 1987 aus Kostengründen stillgelegt. Am Bahnhof besteigt der Pendler den Bummelzug zur S-Bahn. Oder er fährt gleich mit dem Auto.

Verkehrstechnisch liegt noch einiges im Argen im Landkreis. Trotzdem ist Hans Zagler stolz auf die Bilanz des Bürgerbusses: Pro Jahr werden ca. 6000 Personen befördert und 65 000 Kilometer zurückgelegt, erst letztes Jahr wurde die Strecke um einen neuen Abschnitt erweitert. Und das gemeindeübergreifend. »Es ist uns gelungen, in Zusammenarbeit mit der Landesregierung, den Gemeinden und den Verkehrsbetrieben, bestehende Lücken im Streckennetz aufzufüllen«, sagt der Politiker, der bei Not am Mann auch schon mal selbst den Bus fährt. »Aber es ist auch klar, dass auf den Strecken, die der Bürgerbus abdeckt, eine wirtschaftlich rentable Personenbeförderung nie möglich sein würde – es gibt einfach zu wenig Fahrgäste.«

Der Bürgerbus ist übrigens eine Erfindung aus dem England der Thatcher-Ära. Als dort reihenweise öffentliche Verkehrsbetriebe privatisiert wurden, stellten die neuen, kommerziellen Betreiber unrentable Strecken ein. Auf dem Land saßen viele Menschen fest. Und halfen sich selbst mit dem Bürgerbus. Die Idee, die für Bürger, Kommunen und Verkehrsgesellschaften gleichermaßen Vorteile bietet, machte schnell Karriere: Über die Niederlande, wo es bereits mehr als 1000 »Buurtbusse« (Nachbarschaftsbusse) gibt, kam der Bürgerbus nach Deutschland. Das erste Pilotprojekt stieß 1983 der Verkehrsminister von Nordrhein-Westfalen an, bis heute das Bundesland mit den meisten Bürgerbussen. Deutschlandweit gibt es inzwischen 89 solcher Unternehmungen in acht Bundesländern. Sie werden alle als öffentliche Linien von den örtlichen Verkehrsbetrieben oder Kommunen betrieben, um Lücken im öffentlichen Nahverkehrsnetz zu füllen.

Der öffentliche Personennahverkehr ist Teil der sogenannten öffentlichen Daseinsfürsorge: Die »für ein menschliches Dasein als notwendig erachteten Güter und Leistungen« bereitzustellen, ist Aufgabe des Staates, genauer gesagt der Kommunen, die durch das Sozialstaatsprinzip (Art. 20 I Grundgesetz) dazu verpflichtet sind und deren Recht auf Selbstverwaltung in Art. 28 festgeschrieben ist. Zur Grundversorgung der Bevölkerung zählt das Verkehrswesen genauso wie Müllabfuhr und Abwasserbeseitigung, Gas-, Wasser- und Elektrizitätsversorgung oder Krankenhäuser, Bäder und Kultureinrichtungen.

Doch diese Grundversorgung bröckelt seit den Neunzigerjahren: Auf Landesebene wurden zunächst Telekommunikations- und Bahnbetriebe in Aktiengesellschaften umgewandelt – mit den bekannten Folgen. Auf lokaler Ebene waren die Einschnitte noch härter: Weil die Kommunen unter zum Teil dramatischem Geldmangel leiden, wurden und werden Leistungen Stück für Stück abgebaut und/oder privatisiert. Aus der Post ist ein »Paketshop« geworden, das Freibad wird geschlossen, die Buslinien ausgedünnt und die Wasserversorgung an einen Konzern verkauft, von dem sich die Gemeinde die Leistung teuer zurückkaufen muss. Die Grundversorgung durch den Staat ist ausgehöhlt – seit der Föderalismusreform von 2006 werden die Lebensverhältnisse von Bundesland zu Bundesland immer unterschiedlicher.

Wo die Lebensqualität unter der Einschränkung oder Verteuerung der Grundversorgung leidet, schaffen Bürger vielerorts selbst Abhilfe. Vom Sparmantra der Behörden genervt, schließen sie sich zusammen und fahren Bürgerbus. Oder übernehmen ein Schwimmbad, dem die Schließung droht, wie in Schwerte (Nordrhein-Westfalen), wo es jetzt ein »Bürgerbad« gibt. Solche spektakulären Demonstrationen des Bürgersinns sorgen für öffentliche Aufmerksamkeit.

Und für Empörung. Denn an solchen Beispielen entzündet sich regelmäßig die Lückenbüßer-Diskussion: Werden Ehrenamtliche missbraucht, um staatliche Aufgaben wahrzunehmen? Wohin wird der öffentliche Sparzwang noch führen? Werden Ehrenamtliche bald Krankenhäuser betreiben, wie in den USA, wo die öffentliche Infrastruktur ohne sie ganz zusammenbrechen würde?

Engagierte Bürger, die im Kernbereich staatlicher Zuständigkeit tätig werden, helfen der öffentlichen Hand beim Sparen – ob sie das beabsichtigen oder nicht. Wer dort anpackt, wo es sonst keiner tut, macht sich verdient fürs Gemeinwohl, keine Frage. Aber er oder sie läuft auch Gefahr, zum Handlanger des Sozialabbaus zu werden und diesen so zu legitimieren.

Solange sich jemand findet, der den Laden am Laufen hält, gibt es keinen Grund, über einen Kurswechsel nachzudenken. Den Ehrenamtlichen kann man schlecht vorwerfen, dass sie sich aktiv für Verbesserungen in ihrer Nachbarschaft einsetzen. Zu den persönlich handelnden Bürgern gesellen sich aber immer mehr, die das Problem schwindender Grundversorgung auch politisch angehen wollen und sich organisieren.

Empört über den Privatisierungswahn, in dem Kommunen auf so abenteuerliche Tricks wie »sale and lease back« verfielen, um Steuern und Ausgaben zu sparen – man verkauft die städtischen Elektrizitätswerke und zahlt dem neuen Eigentümer Miete, um die Anlagen weiter nutzen zu können –, gründeten sich vielerorts Bürgerinitiativen, die sich für einen Rückkauf starkmachten.

In Berlin erreichte die Bürgerinitiative Berliner Wassertisch immerhin durch einen Volksentscheid, dass geheime Verträge über die Teilprivatisierung der Berliner

Wasserbetriebe offengelegt wurden. Der Senat prüft einen eventuellen Rückkauf. Im Juni 2013 war auch ein Volksbegehren für einen Rückkauf des Berliner Stromnetzes erfolgreich.

In Hamburg bemüht sich die Initiative »Unser Hamburg – unser Netz« ebenfalls darum, die Hamburger Strom-, Gas- und Fernwärmenetze wieder in öffentlichen Besitz zu bringen und kommunale Stadtwerke zu etablieren. Die amtierende SPD-Regierung, die gegen den Rückkauf ist, gerät zunehmend unter Druck – eine Meinungsumfrage vom Februar 2013 zeigt, dass 64 Prozent der Hamburger den Rückkauf wollen – und 72 Prozent der SPD-Wähler. Sollte der für den 22. September geplante Volksentscheid der Initiative erfolgreich sein, wird der Druck noch zunehmen.

»Rekommunalisierung« heißt der Trend, der vom Regionalwerk Bodensee bis nach Hamburg schwappt. Im Schwarzwaldstädtchen Schönau gelang es einer Bürgerinitiative sogar, das örtliche Stromnetz zu übernehmen – der Ökostrom aus Bürgerhand, den die Elektrizitätswerke Schönau nun anbieten, kann auf dem Markt gut mithalten. Schönau ist ein Vorbild geworden für viele ähnliche Initiativen.

Dass es diesen Trend zur selbstbestimmten Grundversorgung gibt, liegt nicht nur an den schlechten Erfahrungen, die einige Kommunen mit Privatisierung gemacht haben. Es liegt auch an der beharrlichen Arbeit von Bürgerinitiativen, die jahrelang Informationskampagnen durchführen, Unterschriften sammeln und Volksbegehren anstoßen und so die Politik – mal mehr, mal weniger erfolgreich – vor sich hertreiben.

Wer sich einmal mit dröger Materie wie Wassertarifen oder Teilprivatisierungsgesetzen auseinandergesetzt hat, kann den Aktivisten ihr unermüdliches Engagement gar nicht hoch genug anrechnen.

Prominentestes Beispiel für das Prinzip »steter Tropfen höhlt den Stein« ist die von Kanzlerin Merkel 2012 vollzogene »Energiewende«. Der Ausstieg aus der Atomenergie war für Merkels Regierung aus CDU und FDP keineswegs eine Herzenssache, beide Parteien pflegten stets enge Beziehungen zur Atomlobby. Die Wende wurde für die Koalition schlicht zur Überlebensfrage angesichts einer starken Anti-Atom-Stimmung in der Bevölkerung. Dass es diese Stimmung gab, war ein später Sieg für die Castor-Blockierer, Gorleben-Demonstranten und anderen Aktivisten, die sich fast vierzig Jahre gegen Atomkraft engagierten.

Zum Erfolg der Anti-Atom-Bewegung hat sicher maßgeblich beigetragen, dass sie sich im Lauf der Jahrzehnte weiterentwickelt und professionalisiert hat. Aus informell organisierten Gruppen umweltbewegter Idealisten, die zunächst ein gesellschaftliches Schattendasein führten und von der Regierung, je nach politischer Großwetterlage, ignoriert bis bekämpft wurden, entstand eine mächtige Pressure Group. Ein Teil davon gruppierte sich zur Partei »Die Grünen«, die 1980 vielfältigste lokale und überregionale Initiativgruppen unter ein gemeinsames Dach vereinten. 1993 fusionierten die Westgrünen mit den DDR-Umwelt- und Bürgerrechtlern von »Bündnis 90«. Der »lange Marsch durch die Institutionen« führte für die Grünen bis zur Regierungsbeteiligung 1998 bis 2005 in der rot-grünen Koalition unter Bundeskanzler Schröder. Mit der Partei rückten auch die Gedanken und Ziele ihrer

Basisbewegungen so weit in den gesellschaftlichen Mainstream vor, dass Politiker der etablierten Volksparteien auf grüne Positionen reagieren müssen, wenn sie an der Macht bleiben wollen.

»Ob Nuriye, ob Kalle – wir bleiben alle!«: die Aktivisten

Die Anti-Atom-Bewegung hat gezeigt: Es gibt bürgerschaftliches Engagement, das sich nicht als Notnagel in einer sozialen Schieflage verdingt, sondern darauf abzielt, diese Schieflage mit politischen Mitteln zu beseitigen. Mit Demonstrationen, Streiks, Sitzblockaden, Unterschriftenaktionen und Kampagnen. Von den engagierten Bürgern, die sich als politisch Handelnde begreifen, spricht man selten als »Ehrenamtler« – obwohl die überwiegende Mehrheit von ihnen sich unbezahlt in ihrer Freizeit für gemeinnützige Ziele engagiert. Weil die Protestler aber nicht dem klassischen Bild vom Ehrenamt entsprechen und sich auch selbst eher als gesellschaftliche Opposition wahrnehmen, bezeichnet man sie meist als »Aktivisten« oder, eher abwertend, als »Wutbürger«.

Aktivismus ist ein großes Wort, in dessen Klang der Nachhall von 1968 steckt, als vorwiegend studentische Rebellen die Verhältnisse radikal umkrempeln wollten. »Macht kaputt, was euch kaputt macht!« oder »Schafft ein, zwei, viele Vietnams!« – das sollte für Deutschland und am besten für die ganze Welt gelten.

Die Töne derer, die heute tiefgreifende Veränderungen wollen, sind deutlich leiser. Man verzichtet auf den Imperativ und den Anspruch, die einzig richtige Sicht auf die Verhältnisse gepachtet zu haben. »Eine andere Welt ist möglich«, verheißen die Globalisierungskritiker von Attac, und die Bankengegner der Occupy-Bewegung verweisen mit dem Slogan »Wir sind die 99 Prozent« ganz nüchtern auf fehlende Gerechtigkeit. Sie beziehen sich damit auf einen Aufsatz des Wirtschaftsnobelpreisträgers Joseph Stiglitz, der 2011 darlegte, dass die reichsten ein Prozent der Amerikaner fast ein Viertel des Vermögens besitzen und stetig an Reichtum, Einfluss und Macht gewinnen – auf Kosten der übrigen 99 Prozent.

Viele der neuen sozialen Bewegungen streben heute bewusst nicht mehr nach dem ganz großen Wurf. Sie wollen Veränderung dort organisieren, wo sie praktisch machbar ist. Im Konkreten, und das bedeutet: vor Ort.

Auf lokaler Ebene haben Aktivisten oft dieselben Themen wie unpolitische »Helfer« – sie wollen aber, im Gegensatz zu jenen, mit ihren Aktionen die Gesellschaft verändern. Gartenarbeit zum Beispiel gilt gemeinhin wohl kaum als subversive Tätigkeit: Meine Eltern werkeln in ihrem Einfamilienhausgarten, eine Gruppe von Nachbarn in unserem Mietshaus begärtnert liebevoll den Innenhof, ein paar Straßen weiter haben Anwohner Baumscheiben bepflanzt, um den Kiez schöner zu machen. Das urbane Landwirtschaftsprojekt »Prinzessinnengarten« unweit meines Büros geht dabei schon politischer vor: Die jungen Städter, die auf einer Brache Gemüse- und Kräuterzucht betreiben, verfolgen zwar auch kommerzielle Ziele. Sie verstehen sich aber als Teil der weltweiten »urban gardening«-Bewegung: Sie begnügen sich nicht damit, eine grüne Oase mitten in der Stadt zu schaffen, sondern laden die Anwohner bei Pflanzentausch-Partys und Ernte-Workshops dazu ein, sich Wissen über den Gemüseanbau und damit auch über Selbstversorgung anzueignen.

Während der »Prinzessinnengarten« eine offiziell genehmigte Zwischennutzung ist und mit dem Bezirk sogar über einen langfristigen Verbleib verhandelt, nehmen sich Anhänger des »Guerilla-Gardening« einfach den Platz, den sie verschönern wollen: Sie werfen auf leerstehenden Grundstücken oder Verkehrsinseln »Samenbomben« ab, um dort, wo vorher tote Ecken waren, Leben sprießen zu lassen.

Obwohl es streng genommen illegal ist, Verkehrsinseln zu bepflanzen, müssen die Garten-Aktivisten nicht mit Sanktionen rechnen, im Gegenteil. In Berlin hat sich das urbane Gärtnern derart etabliert, dass Stadt und Bezirke selbst Bürger- und Nachbarschaftsgärten, gemeinschaftliche Baumscheiben-Pflanzaktionen oder das Anlegen von Wildblumenwiesen im Stadtzentrum fördern. Das offizielle Hauptstadtportal berlin.de verweist stolz auf die vielfältigen Möglichkeiten, »guerilla gardening oder urban gardening« zu betreiben.

Dass es den Garten-Guerilleros auch um die Rückgewinnung des öffentlichen Raums geht – wo eine Wildblumenwiese seltene Insekten anzieht, soll kein Investor Eigentumswohnungen bauen dürfen –, wird von offizieller Seite ignoriert. Auch wenn sie sich als politisch radikal verstehen mögen: Die Arbeit der urbanen Gärtner ist einfach zu dekorativ, um als politisches Anliegen wahrgenommen zu werden. Das wiederum ist aber auch die Stärke der gemeinsamen Grünpflege: Sie fördert den nachbarschaftlichen Zusammenhalt viel effektiver, als es ausgeklügelte städtische Quartiersmaßnahmen oder Nahraumkonzepte je könnten – weil Blumen und Gemüse fast jeden ansprechen.

Und manchmal können sich wild wuchernde Stadtbiotope auch als nützlich im Kampf gegen ungeliebte Großprojekte auswirken: Wenn sich auf dem Bauland eines Hotelkomplexes oder einer Flughafenlandebahn eine seltene Käfer- oder Pflanzenart angesiedelt hat, kann der Naturschutz zu monatelangen Bauverzögerungen führen. Die Umwelt ganz zu ignorieren, das kann sich in Deutschland kein Bauunternehmer mehr leisten: Als der Berliner Senat 2010 im Zuge einer Platzumgestaltung 140 Kugelahorne auf dem Gendarmenmarkt fällen wollte, hagelte es derart erbitterte Bürgerproteste, dass man schließlich von dem Vorhaben abließ.

Um ihre politischen Ziele zu erreichen, sind Aktivisten auf das Wohlwollen der Öffentlichkeit angewiesen. Insbesondere wenn auch illegale Praktiken ins Spiel kommen, wenn man sich also der Staatsgewalt widersetzt. Wer sich den Staat zum Gegner macht, muss eine möglichst breite Bevölkerungsmehrheit hinter sich bringen, um erfolgreich zu sein. Dazu muss die Aktion ein Anliegen haben, das viele Menschen betrifft, das einfach zu erklären und am besten noch medientauglich ist.

Diesem Rezept folgten die Besetzer des Hamburger Gängeviertels. Das heruntergekommene Arbeiterwohnquartier aus dem frühen 19. Jahrhundert ist eines der letzten architektonischen Relikte seiner Art in der Hamburger Innenstadt. 2008 wurde das Ensemble an einen niederländischen Investor verkauft. Als der im Jahr darauf plante, die dreistöckigen Backsteinhäuser am Valentinskamp abzureißen und dort einen Wohn- und Geschäftskomplex errichten wollte, besetzten Künstler und andere Hamburger Bürger kurzerhand die heruntergekommenen Bauten und richteten darin Galerien ein.

Die Besetzung war gut vorbereitet: Kaum waren die Pläne des Investors bekannt, traf sich eine Gruppe aus Künstlern, Architekten und Stadtplanern und beriet über Zwischennutzungen von Leerständen. In der Stadt wurden Ankündigungen für ein Hoffest im Gängeviertel verteilt, heimlich bereitete man das Fest vor, um dann im August 2009 mit einem »Publikumswochenende« öffentlich die Besetzung zu verkünden. Die bunten Ateliers voller Gemälde und Skulpturen, die Höfe, in denen sich Musiker, Maler und Akrobaten tummelten, lockten mehr als dreitausend Neugierige an.

Den Besuchern erklärten die Besetzer, zu denen auch der bekannte Künstler Daniel Richter gehörte, ihr Anliegen: Sie hatten genug von einer Stadtplanung, die historisch Gewachsenes einer immer gleichen Investorenarchitektur opferte. Von einer Wohnungspolitik, die der Wohnraumverknappung und Aufwertung in der Innenstadt tatenlos zusah. Deshalb wollten sie die leerstehenden Gebäude so lange besetzt halten, bis die Stadt Hamburg die Abrisspläne stoppen und den Grundstücksverkauf rückgängig machen würde. Statt auf den Ruinen des Gängeviertels einen Bürokomplex zu errichten, sollte das Ensemble unter Denkmalschutz gestellt und als Nachbarschaftszentrum weitergeführt werden.

Die Besetzungsaktion schlug ein wie eine Bombe – nicht nur in Hamburg. Von »Spiegel Online« bis zur »Stuttgarter Zeitung« berichteten die Medien wohlwollend über die Besetzung. Daniel Richter nutzte seinen Prominentenstatus und wetterte ausführlich gegen eine Kulturpolitik, die diesen Namen nicht verdiene, sondern nur »die immer gleiche abgeschmackte Art von Konsum und Massenunterhaltung« im Zeichen des Standortmarketings biete. Das von einigen Kreativen verfasste Manifest »Not In Our Name, Marke Hamburg«, das auch Richter unterschrieb, fand regen Zuspruch von Bürgern und sogar Politikern.

In Berlin, wo man fast täglich in der Zeitung lesen musste, dass wieder einmal ein Atelierhaus, ein alternatives Wohnprojekt oder ein Club Platz machen musste für ein Bürogebäude (das hinterher höchstwahrscheinlich leer stehen würde), blickte man mit Respekt und ein wenig Neid auf die Hamburger Kunstbesetzer: Die demonstrierten nicht nur, die taten was! Und sie schafften es, das grassierende Unbehagen über den Ausverkauf der Innenstädte und eine investorenfreundliche, aber mieterfeindliche Immobilienpolitik in eine Aktion zu verpacken, gegen die niemand etwas haben konnte. Sogar die Polizei ließ die Besetzer gewähren.

Auch ich war bei einem Besuch in Hamburg beeindruckt von der offenen Atmosphäre im Gängeviertel: Es sah dort genauso bunt, abgeschrammelt und chaotisch aus wie im Tacheles an der Friedrichstraße. Doch anders als die Berliner Künstler, die nach der Wende die Kaufhausruine besetzt und in eine Kreativspielwiese verwandelt hatten, pflegten die Hamburger keine internen Szene-Scharmützel, sie schienen auch nicht so verbittert. Die schmalen Gässchen im Gängeviertel wirkten freundlich, zugänglich auch für Besucher von außerhalb. Auf Nachfrage erklärten die Künstler gerne, was sie sich für das Haus und für ihre Stadt Hamburg wünschten. Ich hatte das Gefühl: Die interessieren sich nicht nur für billige Ateliers für sich und ihre Freunde. Denen geht es um ihre Stadt.

Die Kulturbesetzer feierten schnell die ersten Erfolge: Bereits im Dezember 2009, nur vier Monate nach der Besetzung, kaufte die Stadt das Gängeviertel zurück – dem Investor war ohnehin das Geld ausgegangen. Das erste Ziel, die historischen Gebäude vor dem Abriss zu retten, war damit erreicht. »Dann ging der Kampf aber erst richtig los«, erinnert sich die Theatermacherin Hannah Kowalski, die von Anfang an bei der Initiative mitmachte. Die Initiative »Komm in die Gänge« habe immer schon mehr im Sinn gehabt als nur die Rettung der historischen Bausubstanz. Die Aktivisten wollen eine »Stadtentwicklung von unten« anstoßen und so einen innerstädtischen Ort schaffen, an dem jedermann günstig leben und arbeiten kann. Und das alles in Selbstverwaltung. »Unser Gestaltungsanspruch geht über eine bloße Bürgerbeteiligung hinaus«, erklärt Kowalski. »Wir wollen das Quartier von unten heraus aufbauen und verwalten – von der Politik verlangen wir, dass sie uns nicht nur als Impulsgeber für ihre eigene Stadtplanung sieht, sondern als gleichberechtigte Partner.«

2010 gründete die Initiative eine Genossenschaft, die ein Zukunftsmodell für eine sozialverträgliche Nutzung erarbeitet. Im Sommer 2013 hat die Sanierung der ersten Gebäude begonnen – das Ringen mit der Finanz- und Stadtentwicklungsbehörde über die künftige Nutzung wird noch andauern. Einstweilen dienen die alten Räume als kultureller Veranstaltungsort. Wo vor Jahren noch ein Bauzaun den Einlass verwehrte, finden jetzt Zeichenkurse, 60-plus-Tanzabende und Punk-Konzerte statt. Gleichzeitig wird der Raum für politische Veranstaltungen aller Art genutzt, vom Jugendkongress bis zu Infoabenden der »Undogmatischen Linken«.

Die Gängeviertel-Initiative steht in regem Kontakt mit Gentrifizierungsgegnern und thematisch verwandten Netzwerken wie »Recht auf Stadt«. Dass sie ungleich mehr Sympathie in der bürgerlichen Mitte genießen als etwa die Berliner Tacheles-Künstler, deren Räumung keinen Aufschrei in der Stadt hervorrief, führt »Komm in die Gänge«-Mitglied Kowalski auf das moderate Auftreten und die heterogene Zusammensetzung der Gruppe zurück: Im Gängeviertel tummelten sich nicht nur Lebenskünstler und Kreative, sondern viele Menschen aus verschiedensten Hintergründen, vom Arbeiter bis zur Professorin. »Wir sind ein Sammelbecken für Hedonisten, Menschen auf der Suche nach Sinn, Freidenker und kulturpolitisch Interessierte«, betont die Filmemacherin.

Etwa 150 Menschen engagieren sich im Verein, der Genossenschaft und Untergremien wie der Baukommission – zum harten Kern gehören rund dreißig. »Unser Pensum geht weit über das Ehrenamt hinaus«, sagt Kowalski. »Wir leisten unbezahlt Projektentwicklung, Kulturarbeit. Und politische Arbeit – wenn man das ernst nimmt, ist es eine 20- bis 40-Stunden-Woche.« Die 32-Jährige hat sich nach zwei Jahren aus dem Vorstand verabschiedet, um wieder mehr Zeit für Hauptberufliches zu haben – derzeit schreibt sie an einem Buch. Aktives Mitglied der Initiative bleibt sie trotzdem, um für ihre politische Utopie von einer »Innenstadt für alle« weiterzukämpfen.

Unter dem Slogan »Wir bleiben alle« hat sich auch in Berlin Widerstand gegen Mieterhöhungen, Wohnraumverknappung und Immobilienspekulation formiert. Doch anders als in Hamburg sucht man noch nicht den Schulterschluss mit der breiten Öffentlichkeit: keine Malerstars, die für Interviews zur Verfügung stehen, keine Senioren-Tanzabende und Reportagen für NDR oder Sat 1. Die Website der Kampagne »Wir bleiben alle« ist ganz im Hausbesetzerstil gehalten: viel Schwarz, ein Foto zeigt Menschen, die auf einem Hausdach stehen und eine Fahne hochhalten. »Selbstorganisierte Räume erkämpfen und verteidigen!«, heißt die Parole, die sich an einen eingeschworenen Kreis radikal linker Stadtaktivisten richtet. Dieser Kreis ist zahlenmäßig klein, aber aktiv und gut vernetzt.

Es vergeht kaum ein Tag, an dem in Berlin nicht eine Mietendemo organisiert, ein Aufruf gegen Zwangsräumungen verbreitet, ein Vortrag über Gentrifizierung gehalten wird. Die Veranstaltungen finden auf Wagenplätzen, in Hausprojekten oder Stadtteilläden statt. Theoretisch könnte jeder mitmachen, praktisch aber bleiben die Links-Aktivisten meist unter sich. Und das durchaus bewusst: Wer einmal, so wie ich, spontan nach der Arbeit mit Bluse und Fahrradhelm unterm Arm einen Infoabend in einem besetzten Haus besucht hat, braucht schon ein dickes Fell, um sich unter vierzig schwarzen Kapuzenpullovern und zehn Schäferhunden nicht komisch zu fühlen.

Was ich auf diesem Abend auch gelernt habe: Für radikal linke Aktivisten gibt es keine einzelnen Probleme wie Wohnungsnot oder Mietenpolitik. Alles hängt mit allem zusammen, Staat, Polizei und Wirtschaft ziehen an einem Strang und betreiben einen neoliberalen Umbau der Stadt, mit »totaler Verwertung«, dem Aufbau einer umfassenden Sicherheitsarchitektur und, na klar, Repression. Nachdem ich mich an der Bar des besetzten Hauses in eine hitzige Diskussion mit einem der Vortragenden verwickelt hatte, wurde mir klar, warum auf Demonstrationen immer wieder Transparente mit Forderungen auftauchten, die mit dem eigentlichen Anlass nichts zu tun hatten: Den Radikalen geht es nicht um eine andere Mieten- oder Stadtentwicklungspolitik oder um mehr Mitsprache – es geht um nichts weniger als den Systemwechsel, die Beseitigung des Kapitalismus.

Die großen Ideologien sind aber selbst unter den Linken auf dem Rückzug. Wer etwas verändern will, muss im Kleinen anfangen – diese Auffassung scheint sich immer mehr durchzusetzen. Ob etwa die Senioren, die 2012 einen Freizeittreff in Pankow besetzten, das richtige Bewusstsein hatten, interessierte niemanden. Die Besetzung, mit der etwa zwanzig Alte gegen die Schließung ihres Treffpunkts protestierten, war erfolgreich, weil sie auf viel Sympathie stieß. Dass Rentner vier Monate lang auf Feldbetten campierten, um ihrer Empörung über die Sparpolitik Nachdruck zu verleihen, beeindruckte sogar Berliner, die von Hausbesetzungen sonst nicht viel hielten. In dem Haus in der Stillen Straße gaben sich Schauspieler, Schriftsteller und Musiker die Klinke in die Hand. Auch die linke Szene griff den Rentnern tüchtig beim Protestieren unter die Arme: Man veranstaltete »Soli-Partys«, hielt Kundgebungen ab und malte Transparente, so dass der Slogan »Wir bleiben alle« bald auch an der Fassade des Treffs prangte. Der seltene Schulterschluss zwischen den jungen, protesterfahrenen Linken und den verärgerten Alten zeigte Wirkung: Das Bezirksparlament verzichtete schließlich auf den Verkauf der Einrichtung und übertrug sie an die Volkssolidarität, die den Betrieb ehrenamtlich und selbstverwaltet weiterführen soll. Der »Seniorenclub Stille Straße« war gerettet.

In Großstädten können Proteste nur erfolgreich sein, wenn sie es schaffen, über ein bestimmtes Milieu hinaus zu wirken. Das Schwinden des öffentlichen Raums, die soziale Verdrängung in Innenstädten und der Umgang mit Wohnraum sind Themen, die viele angehen. Nicht nur die, die das Gesellschaftssystem beseitigen wollen. Politiker und Investoren hören besser zu, wenn »ganz normale« Bürger protestieren – denn sie stehen im Gegensatz zu den radikalen Dauerprotestierern nicht in dem Verdacht, sowieso gegen alles zu sein. Auch Teile der Besetzerszene haben das begriffen und suchen den Kontakt zu türkischen Mitbürgern, die sich gegen die horrenden Mietsteigerungen in ihrem angestammten Viertel Kreuzberg wehren. Das neue Protestmotto »Ob Nuriye, ob Kalle – wir bleiben alle!« ist ein Angebot an die Migranten, sich mit den Stadtaktivisten zusammenzutun. Bleibt abzuwarten, ob der Zusammenschluss dauerhaft gelingt – oder ob die Migranten und anderen Kreuzberger »Ureinwohner« sich langfristig doch abgrenzen von den Systemverächtern. Das im Mai 2012 gegründete Mieterbündnis »Kotti und Co.«, in dem sich Sozialmieter gegen ihre Verdrängung wehren, ist jedenfalls sehr bunt zusammengesetzt:

Vor einem zusammengezimmerten Protesthäuschen sitzen »Gastarbeiter« im Rentenalter, Studentinnen und Arbeiter unter deutsch-türkischen Transparenten.

Fest steht: »Initiativbürger« sind längst nicht mehr nur Linksalternative, die sich in Opposition zu Staat und Gesellschaft befinden. Auch für gemäßigt bürgerliche, sogar konservative Bevölkerungsgruppen sind Mittel des zivilen Ungehorsams wie Besetzungen, Protestcamps oder Sitzblockaden interessant geworden. Es ist einfach befriedigender, selbst aktiv zu werden, als bis zur nächsten Wahl stillzuhalten. Die neuen Nachbarschaftsgärtner, Abrissgegner oder Protestmieter sind wohl eher selten »Radikale«, ihre Ziele und Forderungen sind konkret, selten ist von Revolte die Rede.

Und doch wird politischer Aktivismus im öffentlichen Diskurs gern vom »harmloseren« Ehrenamt abgetrennt. Das Protest-Etikett, das Teilen der engagierten Bürgerschaft durch Begriffe wie »Wutbürger« aufgepappt wird, erinnert daran, dass das deutsche Verständnis von Zivilgesellschaft ziemlich eng ist. Die deutsche Zivilgesellschaft, also der Bereich des öffentlichen Lebens abseits von Staat, Wirtschaft und Privatem, den Bürger gestalten, ist stark geprägt von Organisationen. Aktivitäten, die auf losen und informellen Zusammenschlüssen von Bürgern basieren, breiten sich in den letzten Jahren zwar immer mehr aus. Man denke an Internetproteste oder Flashmobs. Doch in der öffentlichen Wahrnehmung werden solche individuellen, unkonventionellen Formen noch nicht als Engagement wahrgenommen. Gerade Bürger, die auf unorthodoxe Methoden zurückgreifen, werden schnell als Umstürzler diskreditiert – auch wenn sie eigentlich der bürgerlichen Mitte entstammen. So wie die Stuttgarter Mittelschichtler, die sich im Schlosspark anketteten, um Baumfällungen für das umstrittene Bahnhofsprojekt zu verhindern. Der zivile Ungehorsam erschien den meisten dieser Bürger als letztes Mittel, um die ihnen bis dahin (vermeintlich oder tatsächlich) verweigerte Teilhabe zu erzwingen.

Wer die Grenzen des Üblichen verlässt, den betrachtet nicht nur das politische Establishment mit Misstrauen. Auch in der öffentlichen Debatte werden politische Partizipationsansprüche oder Proteste von Bürgern in die radikale »Schmuddelecke« gedrängt. Wenn über bürgerschaftliches Engagement gesprochen wird, ist viel von Tafeln die Rede, aber wenig von Bürgerinitiativen. Ist Bürgerengagement, das außerhalb des abgesteckten politischen Rahmens stattfindet, kein Ehrenamt? Gefährdet das Protestcamp der Mieter am Kottbusser Tor die Demokratie?

Es ist schwer, Protest von Engagement abzugrenzen. Wer sich zwei, drei Mal an einer Demonstration beteiligt, ist noch kein Engagierter – wer sich längerfristig im Organisationskomitee einer Initiative betätigt, schon. Ob Besetzungen und andere halb- bis illegale Aktionen dem Gemeinwohl helfen oder ob sie eher schaden und darum nicht unter »Ehrenamt« fallen, darüber gehen die Meinungen auseinander: Die Bundesregierung besteht in ihrem aktuellen Engagementbericht darauf, dass Engagement die »Bürgerpflicht« gegenüber dem Gemeinwesen anerkennen und innerhalb der staatlichen Rahmenordnung stattfinden muss – eine klare Absage an unkonventionellen Protest. Für Demokratieforscher aber tragen Protestbewegungen genauso zur Weiterentwicklung der

Gesellschaft bei wie die Mitarbeit in Vereinen: Auch wer sich gegen etwas engagiert, handelt demokratisch, sofern er oder sie sich an die freiheitlich-demokratische Grundordnung hält. Nach dieser Definition wären die Hausbesetzer, die den Kapitalismus abschaffen wollen, keine Engagierten, die Seniorenbesetzer, die nur ihren Treffpunkt retten wollen, dagegen schon.

Eine Politologin, die ich um Klärung bat, erläuterte mir ihre Definition anhand der Flugroutenproteste, die derzeit von München bis Berlin für Schlagzeilen sorgen: Wer demonstriere, weil er nicht wolle, dass Flugzeuge über sein Haus donnerten, sei nur ein klassischer »Nimby«. Die amerikanische Abkürzung steht für »not in my back yard«, also das Sankt-Florians-Prinzip. Wer aber für eine andere Verkehrspolitik oder mehr Bürgerbeteiligung beim Neubau von Flughäfen demonstriere, verfolge mit seinem Protest gesamtgesellschaftliche Forderungen und könne durchaus als engagiert gelten.

Doch wer weiß schon, welche Motive jemand wirklich hat, der mit einem Pappschild am Straßenrand steht, um gegen den Bau einer neuen Flughafenlandebahn zu demonstrieren? Vielleicht kann Franz Walter helfen. Der Leiter des Instituts für Demokratieforschung in Göttingen hat 2012 eine Proteststudie veröffentlicht. Walter und seine Mitarbeiter wollten ebenfalls wissen, was Protestierende antreibt. Sie führten also Interviews in den Camps von Occupy, bei den Stuttgart-21-Gegnern, Initiativen gegen den Bau von Windrädern, Anti-Atom-Aktivisten aus dem Wendland oder den Eltern, die gegen die Hamburger Schulreform protestierten. Mit Ausnahme der Hamburger Schulreformgegner, heißt es in der Studie, gehe der Protest in Deutschland vom Milieu der Kinderlosen aus. Genauer gesagt von Männern mit überdurchschnittlicher Bildung und ohne religiöse Bindung. Auffällig viele von ihnen seien pensionierte Ingenieure. Die meisten von ihnen hätten das Gefühl, in einer »Scheindemokratie« zu leben, für Parteien und Politik hätten sie nur »Hohn und Verachtung« übrig. Eine genaue Vorstellung von einer besseren Demokratie hätten die Protestbürger aber auch nicht – viele wünschten sich mehr Elemente direkter Demokratie, genau so viele aber auch einen charismatischen Politiker mit Autorität und Ausstrahlung. Als Vorbilder wurden den Forschern unter anderem Willy Brandt, Helmut Schmidt und Franz Josef Strauß genannt.

Franz Josef Strauß?! Die Straßenkämpfer sind auch nicht mehr, was sie mal waren, denke ich beim Lesen der Studie. Die Zeiten jedenfalls, wo öffentliche Rebellion ein Privileg der Jugend war, scheinen endgültig vorbei, wenn man den Autoren glaubt. Es sei zu erwarten, schreiben sie, »dass sich spätestens zwischen 2015 und 2035 Hunderttausende hochmotivierter und rüstiger Rentner mit dem Wissen der in den Jugendjahren reichlich gesammelten Protesterfahrungen in den öffentlichen Widerspruch begeben«. Auf den Demos der Zukunft wird also wohl nicht mehr nur »Ton Steine Scherben« zu hören sein, sondern auch »Heino«.

Die protestsozialisierten Achtundsechziger gehen in Rente und haben viel Zeit zum Demonstrieren. Auch pensionierte Ingenieure, Beamte und Unternehmersgattinnen gehen auf die Straße, um ihre Unzufriedenheit mit den herrschenden Verhältnissen kundzutun. Was bedeutet dieser massenhafte Hang zum öffentlichen Protest für eine Gesellschaft, in der gleichzeitig immer weniger Bürger wählen gehen und in Parteien mitarbeiten?

Interessanterweise singt Franz Walter in seinem Fazit am Schluss des Buches kein Hohelied auf den zivilen Ungehorsam. Zu zwiespältig sind die Befunde seiner Forscher, die Einzel- und Gruppeninterviews mit 200 Stromtrassengegnern, Flugroutenverhinderern, Occupy-Bewegten oder Satireprotestlern vom Schlage der »Front Deutscher Äpfel« geführt haben. Von einer »wabernden, dabei sediert wirkenden Misstrauensgesellschaft« spricht Walter. Von überdurchschnittlich gebildeten und ressourcenstarken Bürgern, die für sich selbst beanspruchten, den totalen Durchblick zu haben – dabei selbst aber ein unterkomplexes Demokratieverständnis hätten. Dort, wo Bürger mit ihren Protesten erfolgreich seien, zum Beispiel gegen den Münchener Flughafenausbau, dort steige auch wieder das Vertrauen in die parlamentarische Demokratie. Wo Widerstand scheiterte, wie in Stuttgart, verfestige sich in bestimmten Bevölkerungsteilen ein Gefühl der Verbitterung. Zum Glück seien die demokratischen Grundstrukturen in der Bundesrepublik so gefestigt, dass sie von einer »agitatorisch aufgeladenen« Zivilgesellschaft nicht erschüttert würden, relativiert Walter.

Beruhigend ist dieser Befund nicht.

»Ich fühle mich wie ein Ehrenamtlicher zweiter Klasse«: der Hartz-IV-Bürgermeister

Das permanente Sich-Reiben am politischen System ist nicht jedermanns Sache. Viele engagierte Bürger arbeiten statt »von unten« lieber im Rahmen demokratischer Institutionen mit. Auch wenn die Gestaltungsmöglichkeiten begrenzt sein mögen: Es gibt sie, die Ämter, durch die sich Bürger direkt am Aufbau des Gemeinwesens beteiligen können. Als ehrenamtliche Schöffin bei Gericht, als Gemeinderat, im Ortsverband einer Partei. Oder als Bürgermeister. Auch wenn solche Tätigkeiten oft mühevoll sind und wenig glamourös, so ist diesen stillen Stützen der Demokratie wenigstens die gesellschaftliche Anerkennung sicher. Sollte man meinen.

Im Internet stoße ich auf einen Artikel der »Süddeutschen Zeitung«: Darin beklagt Holger Klukas, Bürgermeister einer Gemeinde in Mecklenburg-Vorpommern, dass er als Hartz-IV-Empfänger wie ein Ehrenamtlicher zweiter Klasse behandelt werde. Der Grund: das Jobcenter kassierte einen Teil seiner Aufwandsentschädigung ein und behandelte es als Einkommen. Ein Hartz-IV-Bürgermeister? Darüber will ich mehr wissen.

Um mit Klukas zu reden, fahre ich morgens um Viertel nach fünf vom Berliner Hauptbahnhof los. Gallin-Kuppentin liegt im tiefsten Mecklenburg, es gibt nur wenige Zugverbindungen. Als ich mit einer Bummelbahn der Ostdeutschen Eisenbahngesellschaft in Gallin ankomme, ist es kurz vor acht. Klukas, der mich mit seinem Kleinwagen vom Bahnhof abholt, wirkt überrascht, dass ich tatsächlich den Weg zu ihm gefunden habe. »Hier gibt es eigentlich nicht viel zu sehen«, sagt er entschuldigend und zeigt auf eine Reihe niedriger Häuser, die sich im Halbdunklen aus dem Schnee abhebt: Gallin. »Ich dachte, wir machen eine kleine Gemeinde-Rundfahrt mit dem Auto und fahren dann nach Lübz«, fügt er schnell hinzu, als fürchte er, dass ich auf einem Spaziergang durch die Winterkälte beharre. Das Gemeindezentrum sei nicht geheizt, gemütlicher sei es in der Stadt. Damit ist Lübz gemeint.

Die Gemeinderundfahrt ist schnell absolviert. Ein paar Häuserreihen, die ehemalige Grundschule ist jetzt ein Wohnhaus: zu wenig Kinder. Auf dem Sportplatz trägt der SG Gallin-Kuppentin Fußball- und Tischtennisturniere aus, im Gemeindehaus tagt der Gemeinderat, in der Dorfmitte gibt es einen kleinen Lebensmittelladen. Das ist Gallin.

»Der Ladeninhaber verdient sein Geld abends in Plaun in der Kneipe«, erzählt Klukas im Vorüberfahren, den »Konsum« betreibe der Mann als Hobby. Damit es überhaupt noch was gebe im Dorf. Der Kindergarten: geschlossen. Der Friseur: kommt ein bis zwei Mal die Woche vorbei, sonst steht das Geschäft leer. Bäcker, Gemüsehändler, Fleischer, Fischladen – sämtliche Händler machen hier nur einmal die Woche mit einem fahrenden Verkaufsstand Station. Immerhin: eine Kneipe gibt es. Die aber habe oft kein Bier, sagt Klukas. »In meiner Jugend war das mal ein florierendes Dorf mit Handel und Gewerbe und einem Gemeindeleben«, seufzt der Bürgermeister, als wir den Ortsausgang von Gallin erreichen. Jetzt gebe es nur noch ein paar Jobs bei Landwirtschaftsbetrieben und wenigen Kleinunternehmern.

Ähnlich geht es in den vier anderen Dörfern zu, die zum Gemeindeverbund gehören: Kuppentin, Daschow, Zahren und Penzlin. Alle um die 100 Einwohner, drei schöne Seen, ein prächtiges Schloss, in dem eine Akademie für Rettungskräfte untergebracht ist, eine historische Mühle. Eine landschaftlich bezaubernde Gegend, aber reges Leben sieht anders aus. Der Einzelhandel ist so gut wie tot, vereinzelte Arbeitsplätze gibt es in ein paar Landwirtschafts- und Handwerksbetrieben, auch die Hähnchenmastanlage eines Holländers in Kuppentin bringt den Einheimischen fast keine Jobs, dafür aber jede Menge Gestank. Dass auf den Straßen außer uns niemand unterwegs ist, liege nicht an der frühen Uhrzeit, sagt der Bürgermeister. Von den Menschen im arbeitsfähigen Alter hat in der Gemeinde nur etwa jeder Fünfte Arbeit. Die Pendler seien schon weg, nach Hamburg oder Schwerin. Auch die Schulkinder seien schon ausgeflogen, zur Grundschule nach Passow oder in die Kreisstadt, aufs Gymnasium. Tagsüber seien die Arbeitslosen und Rentner unter sich.

Was ist mit Tourismus?, frage ich, als Klukas kurz am Ufer eines Sees stoppt, damit ich den Blick genießen kann. »Die Gemeinde hat viel touristisches Potenzial, immerhin führen der Radwanderweg und die Müritz-Elde-Wasserstraße mittendurch. Aber da liegen wir noch im Winterschlaf«, sagt Klukas. Es sei nicht eben leicht, die Einwohner davon zu überzeugen, dass ihnen Tourismus guttäte.

In der Kreisstadt Lübz parkt Holger Klukas vor dem modernen Gemeindeamt. In einem Café, von dem man auf den historischen Altstadtkern blickt, erzählt der ehrenamtliche Bürgermeister von seinem Amt – und seiner prekären Lage als Hartz-IV-Bezieher.

Der 59-Jährige leitet seit 2006 die Geschicke der 500-Seelen-Gemeinde in Mecklenburg-Vorpommern. Aus Verantwortungsgefühl für seine Heimatregion, wie er sagt. Aber auch, um seine Fähigkeiten sinnvoll einzusetzen: Der gelernte Ingenieur ist seit einem Schlaganfall 1999 ohne feste Arbeit und lebt von Hartz IV. Von den 500 Euro Aufwandsentschädigung für sein Bürgermeisteramt darf er rund 170 behalten – aber nur, sofern er Ausgaben in gleicher Höhe für sein Ehrenamt nachweisen kann. Sonst kürzt ihm das Jobcenter noch mehr: Seit der Hartz-IV-Reform von 2011 gilt die Aufwandsentschädigung für ehrenamtliche Tätigkeiten nämlich als Einkommen. Klukas, der erklärt, es gehe ihm nicht ums Geld, sondern um symbolische Anerkennung für sein Engagement, versucht sich gegen die Schlechterstellung zu wehren – bislang erfolglos.

»Viele ermunternde Briefe habe ich bekommen: vom Ministerpräsidenten, vom Städte- und Gemeindetag, vom Petitionsausschuss des Bundestags. Ich soll bloß weitermachen mit meiner wertvollen Arbeit und mich nicht entmutigen lassen. Das ist scheinheilig. Denn gleichzeitig werde ich behandelt wie ein Ehrenamtlicher zweiter Klasse. Und damit auch meine Gemeinde: Bestimmte Sachen kann man als Bürgermeister nur wahrnehmen, wenn man

Geld hat. Wenn ich als Gemeindevertreter nach Leipzig zur Schulung für Erneuerbare Energien reisen will, muss ich die Kosten selbst tragen. Das kann ich aber nicht, und meiner Gemeinde geht die Information durch die Lappen. Schon kleine Auftritte werden mir zur Peinlichkeit, etwa das Grundschul-Jubiläum in Passow. Da wird erwartet, dass ich als Ortsvorsteher ein Geschenk mitbringe, an der Tombola teilnehme, einen Kaffee kaufe. Ich habe aber kein Geld dafür. Wie sieht das denn aus, wenn ich von den Grundschülern eine Quittung verlange, um sie später bei der Arbeitsagentur einreichen zu können? Die vom Amt wollen gar nicht, dass Hartz-IV-Empfänger solche Funktionen haben, davon bin ich überzeugt.«

Klukas weiß, dass er mit seinen Forderungen nicht viel Solidarität erwarten kann. Andere betroffene Kollegen umgehen das Thema lieber. Um nicht als Störenfriede wahrgenommen zu werden, vermutet Klukas. Ihm ist es egal, ob er als Querulant gilt. Der Bürgermeister von Gallin-Kuppentin stellt sich jede Woche in die Schlange vor der Ausgabestelle der Tafel. Ganz bewusst, um den Leuten zu zeigen, wie knapp bei ihm zu Hause das Geld ist. Hinschmeißen ist für den bärtigen Mecklenburger aber auch keine Lösung. Bei der nächsten Bürgermeisterwahl 2014 will er wieder antreten, denn die Arbeit an sich mache ihm Spaß, trotz aller Schwierigkeiten.

Der Spielraum des Bürgermeisters ist überschaubar: Der Gemeindeetat beträgt gerade einmal 1,5 Millionen Euro im Jahr. Das Einkommen aus der Gewerbesteuer ist mager, die wichtigsten Einnahmequellen sind der Waldbesitz, die Landverpachtung an Bauern und die Vermietung der Turnhalle. Natürlich könne man die fünf Dörfer auch von Amts wegen aus Lübz verwalten lassen, sagt Klukas. Aber es sei für die Menschen doch schöner, wenn es jemand mache, der selbst von hier komme. Klukas ist unweit der Gemeindegrenze in Plau am See aufgewachsen, hat dort nach dem Studium im Möbelwerk gearbeitet. Mit der Abwicklung beauftragt, war der Ingenieur der Letzte, der dort 1992 das Licht löschte. Der griechische Neueigentümer hatte sich mit den Maschinen aus dem Staub gemacht. Klukas, der bis zuletzt auf eine Weiterführung des Betriebs gehofft hatte, wurde arbeitslos. Seitdem hangelt er sich wie viele in der Gemeinde mit Schulungen, Maßnahmen und Kurzzeitverträgen durch. »Ich verstehe also die Sorgen der Menschen hier.«

Einmal pro Woche fährt Klukas ins Amt nach Lübz und arbeitet Rechnungen ab: Strom fürs Gemeindehaus, Traktor und Winterdienst, Schulrechnung. Am Tag verbringt er zu Hause etwa eine Stunde am Computer. Einmal die Woche hält er eine Sprechstunde im Gemeindehaus ab: Klukas ist der Ansprechpartner für verstopfte Gullys, geklaute Schaukeln oder beschädigte Zäune. Amtstermine hat er etwa 35 pro Jahr: »Ich besuche zum Beispiel alte Leute zum Geburtstag. Außerdem leite ich den Gemeindearbeiter an, organisiere eine Weihnachtsfeier, den jährlichen gemeinschaftlichen Frühjahrsputz und ein Tischtennisturnier. Auch einen Sportverein habe ich gegründet.«

Der Gemeinderat von Gallin-Kuppentin besteht aus neun Mitgliedern und tagt etwa viermal im Jahr. Zurzeit gehe es dort heiß her, berichtet Klukas: Der Inhaber der Hähnchenmastanlage plant eine Erweiterung des Betriebs. Weil die neue Anlage riesig sein wird, hat sich eine Bürgerinitiative dagegen gegründet. Der Naturschutzbund NABU hat sich eingeschaltet, weil ein Naturschutzgebiet in unmittelbarer Nähe liegt. Ein Gericht entzog dem Betreiber vorerst die Genehmigung, der wehrt sich, der Streit kocht hoch.

Klukas betrachtet sich als Moderator: »Ich versuche neutral zu bleiben und abzuwägen, was das Beste ist für die Gemeinde. Parteilos bin ich aus Prinzip – und ein Demokrat.« Er sehe es auch als seine Aufgabe, den Einfluss von Rechten zurückzudrängen, sagt der Bürgermeister. Die alte Schule etwa will er nicht versteigern, obwohl die Gemeinde das Geld gut gebrauchen könnte. Aber das Risiko, dass die Immobilie als rechtes Schulungszentrum enden könnte, ist ihm zu hoch. Klukas setzt seine Hoffnung auf den Tourismus in der Region. Wenn es gelänge, Gallin-Kuppentin als kleine, aber feine Anlaufstelle für Aktivurlauber zu etablieren, würde hier bald mehr Leben einkehren. Die Menschen hätten es verdient, sagt er. Und meint damit auch sich selbst.

Menschen wie er geben sich nicht der Resignation hin, sie kämpfen darum, aktive Mitglieder der Gemeinschaft zu bleiben. Wenn es schon keine Aussicht auf einen festen Job gibt, arbeiten sie dort mit, wo sie gebraucht werden. Langzeitarbeitslose, die freiwillig für die Gemeinschaft arbeiten – das ist doch eigentlich vorbildlich. Warum wird es dann bestraft?

Als Klukas sein Bürgermeisteramt antrat, hatte er gerade einen Job. Er bekam 500 Euro Aufwandsentschädigung, davon 175 Euro steuerfrei. Als er arbeitslos wurde, durfte er noch 175 Euro behalten. Das neue Hartz-IV-Gesetz vom Februar 2011 sieht aber vor, dass Aufwandsentschädigungen für Ehrenamtliche als Einkommen angerechnet werden. Klukas bleiben jetzt theoretisch 179,50 Euro, also die Hälfte des Regelsatzes. Aber nur wenn er Ausgaben in mindestens gleicher Höhe für sein Ehrenamt nachweisen kann. Er muss also Quittungen sammeln – für jeden Blumenstrauß, jede Busfahrkarte, theoretisch auch bei der Grundschul-Tombola. Macht er zu wenig Ausgaben geltend, kürzt das Job-Center noch mehr Geld weg.

Über den Umgang mit den sogenannten »Hartz-IV-Bürgermeistern« und Arbeitslosen in anderen Ehrenämtern gab es während der Hartz-IV-Verhandlungen 2010 Streit im Bundestag. Oppositionspolitiker wie Manuela Schwesig (SPD) mahnten, dass Engagement für die Gesellschaft nicht auch noch bestraft werden dürfe. Passiert ist aber bislang nichts. An Ministerpräsident Erwin Sellering, den Städte- und Gemeindetag und den Petitionsausschuss des Deutschen Bundestags hat Holger Klukas geschrieben. Ja, es sei ungerecht, antworteten ihm alle. Aber gegen die Vorgaben der Arbeitsagentur sei man nun einmal machtlos.

Allein in Mecklenburg-Vorpommern gibt es rund 800 ehrenamtliche Bürgermeister. Wie viele von ihnen erwerbslos sind und jetzt weniger Aufwandsentschädigung bekommen, weiß niemand, denn Sozialdaten werden nicht erhoben. Auf »mindestens eine Handvoll« schätzt Klaus-Michael Glaser vom Städte- und Gemeindetag Mecklenburg-Vorpommern die Zahl der Hartz-IV-Bürgermeister und betont: »Jeder Fall ist einer zu viel – es ist ein fatales Signal, dem ehrenamtlich tätigen Arbeitslosen Geld wegzunehmen, während der neben dem Beruf engagierte Nachbar das Geld obendrauf kriegt.«

Mecklenburg-Vorpommern ist das am dünnsten besiedelte Bundesland Deutschlands. Viele der kleinen Dörfer dort leiden unter Landflucht und Überalterung, es gibt kaum noch Infrastruktur oder Arbeitsplätze. »Der Bürgermeister hat dort eine ganz wichtige soziale Funktion«, sagt Glaser. »Er ist der Kümmerer, der sich Zeit für die Menschen vor Ort nimmt.« Von Wahlperiode zu Wahlperiode hätten die Gemeinden aber größere Probleme, neue Ehrenamtliche zu finden. »Der Nachwuchs stirbt aus«, sagt Glaser. Um das Amt attraktiver zu machen, fordert der Kommunenvertreter eine bessere finanzielle Ausstattung kleiner Gemeinden. Damit Bürgermeister wieder gestalten können, statt nur zu sparen. Außerdem müssten für ehrenamtlich tätige Bürgermeister Sonderregelungen her: Es könne nicht sein, dass Ehrenamt als Arbeitsverhältnis gewertet und mit Sozialversicherungsabgaben belastet werde – wie es vielerorts gehandhabt wird. Natürlich müsse man umgehend auch für die Hartz-IV-Empfänger unter den Ehrenamtlichen eine Sonderregelung schaffen.

Dafür allerdings sieht der Kommunenvertreter schwarz: »Im Sozialausschuss macht sich keiner krumm für die Ehrenamtlichen – da freut man sich über jeden, der ins System einzahlt und später nichts herausholt.« In diesem Geiste werden auch von arbeitenden ehrenamtlichen Bürgermeistern Sozialabgaben auf ihre Aufwandsentschädigung erhoben – schließlich verdienen sie ja. Zur Motivation, sich für die Heimatgemeinde einzusetzen, trägt das nicht bei.

Gut möglich also, dass sich in einer Gemeinde wie Gallin-Kuppentin eines Tages keiner mehr findet, der den Bürgermeister geben möchte. Schließlich ist dort jeder Vierte arbeitslos, und die meisten Berufstätigen pendeln und haben wenig Zeit. Wenn also niemand mehr das Ehrenamt auf sich nehmen will, werden die fünf Dörfer aus dem Lübzer Rathaus fernverwaltet – mit entsprechend weniger Geld und Zeit für die Sorgen der Menschen vor Ort. Billiger wäre das, aber eben auch eine fatale Botschaft an die Einwohner: Ihr seid es nicht wert, einen Kümmerer zu haben.

Was aber bedeutet es für die Arbeitslosen in unserem Land, wenn ihnen die Arbeitsagentur das Engagement erschwert? Wenn sie das Gefühl haben, ihr Kümmern sei nicht erwünscht? Der Freiwilligensurvey von 2009 gibt darauf eine eindeutige Antwort: Demnach waren 31 Prozent der Empfänger von Arbeitslosengeld I und 22 Prozent der Empfänger von Arbeitslosengeld II bürgerschaftlich engagiert – aber vierzig Prozent der Erwerbstätigen. Dieses »unterdurchschnittliche« Engagement lässt sich für die Forscher durch die »ungünstige materielle, soziale und psychische Gesamtsituation« erklären. Arbeitslose Menschen seien »am wenigsten in die Infrastruktur der Zivilgesellschaft einbezogen«. Anders gesagt: Wer sich ausgeschlossen und nutzlos fühlt, bleibt auch draußen. Aus Frust, aus Resignation. Oder weil er/sie denkt: Wen interessiert schon meine Meinung?

Sozialwissenschaftliche Studien belegen, dass Arbeitslose besonders im politischen Bereich außen vor bleiben und dadurch mit ihren Interessen kaum mehr repräsentiert sind. Nur ein Prozent der Arbeitslosen engagiert sich in der politischen Interessenvertretung – unter der arbeitenden Bevölkerung sind es dreimal so viele, die in einer Partei, im Gemeinderat oder politischen Initiativen mitarbeiten. Für ihre eigenen Interessen treten Arbeitslose selten ein, sie engagieren sich eher für andere Gruppen. Auch als Adressaten von Bürgerengagement spielen sie eher eine untergeordnete Rolle. Die Erwerbslosenproteste, die zwischen 1999 und 2004 für breite Aufmerksamkeit sorgten, haben stark abgenommen: Waren im August 2004 über 70 000 Teilnehmer jeden Montag in 200 Städten auf der Straße, um gegen die Arbeitsmarktpolitik der Bundesregierung zu demonstrieren, sind es heute nur noch ein paar hundert.

Mitwirkung an der politischen Willensbildung scheint immer mehr Sache der gut gebildeten und einkommensstarken Gesellschaftsschichten zu werden. Egal ob informelle Bürgerinitiativen, Parteien oder Gremien – die sich dort engagieren, bilden nicht die Gesamtheit der Gesellschaft ab: das untere Fünftel bleibt draußen. Das gilt auch für das Wahlverhalten. Nur noch 72 Prozent der Bevölkerung wurden bei der Wahl von 2008 repräsentiert, 1988 waren es noch 96 Prozent. Das heißt: Die Ärmsten und am wenigsten Gebildeten gehen nicht mehr wählen. Sie gehen auch immer seltener demonstrieren oder nehmen an Unterschriftensammlungen oder öffentlichen Diskussionen teil. Selbst bei den Hartz-IV-Protesten, so fanden Forscher heraus, gingen hauptsächlich Angehörige der Mittelschicht auf die Straße.

Vor allem Langzeitarbeitslose erstarren nicht selten angesichts eines politischen Systems, das sie als übermächtig empfinden. Die Überzeugung, selbst Einfluss auf die Verhältnisse nehmen zu können, ist aber eine wesentliche Voraussetzung für Engagement. So kommt es, dass auch in Parteien und Interessengruppen die Mittelschicht den Ton angibt. Menschen ohne Arbeit, Geringverdiener und einfach Gebildete sind in den großen Parteien immer seltener vertreten.

Der Bundestag hat es im März 2013 bei den Beratungen über das neue »Gesetz zur Stärkung des Ehrenamtes« übrigens abgelehnt, Empfängern von Sozialleistungen das Ehrenamt zu erleichtern. Aufwandsentschädigungen ab 200 Euro monatlich werden auch künftig als Einkommen behandelt. Der Bundestag lehnte entsprechende Anträge von Linken und Grünen ab. Zur Begründung hieß es: »Sinn und Zweck der Grundsicherung für Arbeitsuchende und der Sozialhilfe sind die Verringerung und Beendigung der Hilfebedürftigkeit sowie die Sicherung des Lebensunterhalts. Wer Einnahmen erzielt, hat diese zur Verringerung seiner Hilfebedürftigkeit einzusetzen. Eine Erhöhung des Absetzbetrags führt zu einem erhöhten Leistungsbezug, den die Allgemeinheit zu tragen hätte, und dies ist nicht im Sinne unserer Gesellschaft.«

Der CDU-Politiker, der im Plenum diese Worte sprach, kennt vermutlich weder Holger Klukas noch einen anderen Hartz-IV-Bürgermeister persönlich. Hilfebedürftig ist der Mann aus Mecklenburg höchstens finanziell. Dass er freudig jede Gelegenheit zur Arbeit ergreift, die sich ihm bietet, glaubt man ihm auch. Wenn es aber keine Arbeitsstelle weit und breit gibt, warum ist es dann »nicht im Sinne unserer Gesellschaft«, ihm für seinen freiwilligen Dienst an der Gemeinschaft genau so viel zu geben wie einem arbeitenden Kollegen?

Es scheint eine wachsende Kluft zu geben zwischen der Lebenswelt der Menschen und den Berufspolitikern, die über ihre Geschicke entscheiden. Viele der gewählten Repräsentanten haben eine Parteikarriere hinter sich und wenig Einblick in den ganz normalen Alltag. Dennoch sind es diese Politprofis, die über Themen wie Mindestlöhne oder Hartz IV entscheiden. Die Folge dieser Entfremdung ist Frustration beim Wahlvolk: Viele fühlen sich einerseits bürokratisch gegängelt, andererseits übergangen bei Reformen und wichtigen Entscheidungen. Und sie trauen dem politischen Apparat nicht mehr zu, Entscheidungen in ihrem Sinne zu treffen und Probleme wie Integration, Bildungsgerechtigkeit und Wohlstandsverteilung in den Griff zu bekommen. Die stetig sinkende Wahlbeteiligung und der Mitgliederschwund in Parteien sprechen eine deutliche Sprache.

Der britische Politologe Colin Crouch hat dieses bürgerliche Unbehagen schon 2004 in seinem Buch »Postdemocracy« verhandelt. Darin entwirft er ein düsteres Szenario von einer »Scheindemokratie«, in der die behaupteten Unterschiede zwischen den politischen Lagern nur noch Wahlkampf-PR sind: Die tatsächlichen Entscheidungen werden im Hinterzimmer von einer Elite aus Politik und Wirtschaftslobbyisten getroffen. Diese Diagnose klingt bestürzend ähnlich wie die Motive, die laut der Göttinger Proteststudie heute protestierende Bürger in Deutschland auf die Straße treiben.

Man kann sich über das Gerede der Protestbürger von der »Bananenrepublik Deutschland« lustig machen und über den Ruf nach starken Politikerpersönlichkeiten, der zugleich mit dem Wunsch nach »mehr Partizipation« geäußert wird.

Auch wenn die Parteienkritik nicht immer durchdacht ist: Wegreden kann man sie nicht. Viele Bürger fühlen sich offenbar nicht mehr gut vertreten von ihren gewählten Repräsentanten, trauen ihnen nicht zu, sie gut durch schwierige Zeiten zu bringen. In der Finanz- und Wirtschaftskrise erlebten viele das politische System als machtlos gegenüber den Märkten. Der Handlungsspielraum von Politik schien winzig im Angesicht einer übermächtigen, global vernetzten Wirtschaft. Die Krise machte deutlich, wie begrenzt die Gestaltungsmacht nationalstaatlicher Politik geworden ist. Die Finanzkrise ist global, ebenso die Klimaerwärmung – selbst eine gemeinsame Europapolitik ist für diese weltumspannenden Probleme noch zu begrenzt. Aber Europa ist für die meisten von uns ohnehin weit weg. Zu weit, um ein Vertrauen zu denjenigen aufzubauen, die uns in Straßburg oder Brüssel vertreten: 2009 nahmen gerade einmal 43,3 Prozent der Bundesbürger an der Wahl zum Europäischen Parlament teil.

Lieber wird man dort tätig, wo man auch etwas bewirken kann: vor der eigenen Tür, in der Nachbarschaft, im Dorf. Schade, dass Gemeinden den Drang der Bürger nach mehr Mitbestimmung nicht besser zu nutzen verstehen – Männer wie Klukas sind eine große Ausnahme. Man müsste sie eigentlich hegen und pflegen und mit mehr Spielraum ausstatten. Unter den gegebenen Umständen ist es für jemanden, der etwas verändern will, möglicherweise attraktiver, sich einer Nichtregierungsorganisation oder einer Bürgerinitiative anzuschließen, als innerhalb des politischen Systems zu arbeiten.

»Die Deutschen sagen Engagement, die Türken Herzenssache«: die Freiwilligenvermittlerin

Gestern habe ich ihn wiedergesehen. Den Fahrradfahrer mit der Leuchtweste und der Trillerpfeife. Er fuhr langsam eine Straße in Neukölln entlang. Alle paar Meter blies er in seine Trillerpfeife, aus Lautsprechern, die er auf seinem Gepäckträger befestigt hatte, schallte in einer Endlosschleife seine Botschaft. »Warum diese Ungerechtigkeit? Kommunales Wahlrecht für Ausländer jetzt«, schnarrte die Stimme. Der Mann hatte sich ein Transparent um den Hals gehängt. Darauf stand: »Ich möchte auch wählen! Bevorzugter Ausländer darf mit 16 Jahren wählen! Ich, 45-jähriger Berliner, darf es aber nicht! Warum?« An jeder Kreuzung blieb er stehen und fuchtelte mit den Armen.

Seit Jahren dreht der Mann seine Runden, jeden Tag außer Mittwoch. In ganz Berlin kennt man ihn. Er heißt Aydin Akin, ist gelernter Steuerberater, lebt seit 43 Jahren in Deutschland und mag sich einfach nicht damit abfinden, dass er zwar Steuern zahlt, aber nicht wählen darf. Schätzungen zufolge gibt es allein in Berlin rund 300 000 andere, denen es ebenso geht.

Für Menschen wie ihn ist bürgerschaftliches Engagement die einzige Möglichkeit, sich aktiv gesellschaftlich zu betätigen: Aydin lebt hier, besitzt aber nicht die deutsche oder eine andere EU-Staatsbürgerschaft, sondern die türkische. Er hat zwar das Recht, eine politische Vereinigung zu gründen, aber keine Partei, die zu den Wahlen zugelassen wird. Auch an Bürgerbegehren darf er nicht teilnehmen oder sie initiieren.

Aber Fahrrad fahren darf er. Und einen Verein oder eine Initiative gründen. Aydin unterhält eine Website, auf der er seine Aktionen dokumentiert und Offene Briefe an die Bundesregierung zum Unterzeichnen bereitstellt.

Wie viele Zugewanderte ohne deutschen Pass sich hierzulande bürgerschaftlich engagieren, darüber gibt es kaum aussagekräftige Zahlen. Einerseits, weil die Nationalität für Mitgliedschaften und Tätigkeiten in Vereinen, Hilfsorganisationen oder Freizeitclubs meist keine Rolle spielt und darum auch nicht erhoben wird. Andererseits arbeiten die bestehenden Migrantenorganisationen oft in einem weitgehend abgeschlossenen Kosmos, der für deutsche Sozialforscher schwierig zu durchdringen ist. Die Verfasser des letzten Freiwilligensurvey stellten denn auch selbstkritisch fest, dass es mit ihrer Erhebungsmethode, dem Telefoninterview in deutscher Sprache, nicht gelingen konnte, eine repräsentative Zahl von Migranten zu erreichen. Trotzdem kamen sie aber in ihrem Bericht zu dem Schluss, dass es zwischen 1999 und 2009 bei Migranten ohne deutschen Pass »keinen Anstieg des Umfangs des Engagements« gegeben habe. Diese Bevölkerungsgruppe weise zwar eine recht hohe »öffentliche Aktivität« auf, ihr freiwilliges Engagement sei aber niedrig. Diese Aussagen sind problematisch. Sie sind nicht repräsentativ, aber es entsteht der Eindruck, Migranten seien unengagiert.

Durchaus zu Unrecht. Eine Untersuchung des Zentrums für Türkeistudien von 2004 fand heraus, dass sich 64 Prozent der türkeistämmigen Migranten und Migrantinnen in Deutschland in Vereinen, Verbänden, Gruppen oder Initiativen beteiligten. In der deutschen Bevölkerung sind es siebzig Prozent, die am Vereinsleben teilnehmen, ohne ein festes Ehrenamt zu übernehmen. So groß ist der Unterschied zumindest in dieser Gruppe der Migranten also gar nicht. Nur zehn Prozent der Türkeistämmigen üben allerdings ein festes Ehrenamt aus, bei den Deutschen sind es knapp 35 Prozent. Die Untersuchung zeigt aber auch, dass weitere fünfzig Prozent der Befragten Interesse an einer weiterreichenden ehrenamtlichen Aufgabe hätten (im Freiwilligensurvey äußerten 44 Prozent der Deutschen Interesse an mehr Engagement). Wie man dieses Potenzial erschließt, darüber zerbrechen sich Politiker, Engagementforscher, deutsche Verbände und Migrantenorganisationen seit Jahren den Kopf.

Um herauszufinden, wie sie ihre Landsleute zu mehr Engagement bewegen kann, hat die Türkische Gemeinde zu Berlin (TGB) die Interkulturelle Freiwilligenagentur (IKFA) gegründet. Das zunächst als Pilotprojekt in mehreren Städten gestartete Vorhaben wurde zusammen mit der Bundesarbeitsgemeinschaft der Freiwilligenagenturen e.V. (BAGFA) ins Leben gerufen. Die Agentur soll migrantischen Ehrenamtlichen eine Freiwilligenkarriere ermöglichen und sie »durch Empowerment« in die Lage versetzen, »ihre eigenen Belange selbst in die Hand« zu nehmen, heißt es in der Selbstbeschreibung.

Die Agentur hat ihren Sitz in den Räumen der Türkischen Gemeinde in Kreuzberg. In Sichtweite von Kenan Kolat, dem Vorsitzenden der einflussreichen Dachorganisation, die 76 Mitgliedsvereine und rund 100 000 türkeistämmige Mitbürger repräsentiert, ist Nalan Arkats Büro. Die 53-jährige Diplomingenieurin für Umwelttechnik beschreibt ihre Aufgabe als »Brückenbau zwischen verschiedenen Kulturen«. Arkat ist eine von fünf Hauptamtlichen des Projektes DOSTANE, das bundesweit Menschen »aus zig Ecken der Welt« auf geeignete Einsatzstellen vermittelt. 55 Organisationen, die gezielt nach Menschen mit Migrationserfahrung suchen, stehen allein in Berlin zur Auswahl. Deutsche, die sich in Migrantenorganisationen engagieren wollen, lassen sich ebenfalls beraten. Die Palette der Tätigkeiten, aus denen Freiwillige wählen können, reicht von der Betreuung ausländischer Gefangener bis zur Patenschaft für Frühchen oder Fundraising für die McDonald's-Kinderstiftung. »Die Nachfrage ist enorm, wir kommen mit der Vermittlung kaum hinterher«, stöhnt Arkat und zeigt auf einen riesigen Papierstapel auf ihrem Schreibtisch.

Ziel der IKFA ist es, Verständigungsprobleme und Vorurteile abzubauen. Denn die hinderten Migranten daran, sich in Organisationen der Mehrheitsgesellschaft zu engagieren, wie Arkat betont: »Migranten engagieren sich nicht weniger, das Engagement ist nur weniger sichtbar.« Schuld sei vor allem ein völlig verschiedenes Verständnis von Engagement: Im Türkischen etwa gebe es kein Wort für »Ehrenamt« oder »Engagement« außerhalb des beruflichen Kontextes. »Fragt ein deutscher Forscher: ›Engagieren Sie sich für Feierlichkeiten?‹ Dann sagen nur drei

Prozent Ja. Obwohl jeder mit anpackt, nicht nur bei Familienfeiern. Die Eltern fahren die Kinder zu Fußballspielen, waschen die Trikots, die Mütter backen für den Moscheeverein. Im ländlichen Raum gibt es in der Türkei eine starke Tradition, gemeinsam Arbeiten zu verrichten – man deckt das Dach der Moschee, renoviert das Schulgebäude oder fährt die Ernte ein. All das wird aber als Selbstverständlichkeit gesehen, als Herzenssache, auf Türkisch: ›Gönüllü‹. »Mit Verpflichtung oder gar den Begriffen Ehre und Amt bringt das niemand zusammen«, erklärt Arkat.

Wie den Türken gehe es vielen Menschen aus anderen Ländern. Die Agentur sieht ihre Aufgabe zunächst also darin, die sprachlichen Eigenheiten des deutschen Ehrenamtssektors zu erklären. Auch strukturell gebe es Unterschiede, Migranten sähen ihr Engagement oft als informelle Nachbarschaftshilfe, sie scheuten den offiziellen Rahmen, die Gremienarbeit. Gerade Frauen übernähmen nicht gerne Ämter, weil es nicht in das traditionelle Bild von weiblichem Engagement passe. »Dadurch aber wird das Engagement vieler Migranten für die deutsche Mehrheitsgesellschaft unsichtbar. Dabei ist es gerade die gesellschaftliche Anerkennung, die sich viele am meisten wünschen.«

Sechs Jahre nach ihrer Gründung ist die IKFA auf beiden Seiten bekannt und gut vernetzt. Sie ist Mitglied im Bundesnetzwerk Bürgerschaftliches Engagement und bundesweit die erste Migrantenorganisation, die Freiwillige in den Bundesfreiwilligendienst und das Freiwillige Soziale Jahr vermittelt. Nalan Arkats persönliches Ziel ist es nun, die Migrantenorganisationen in Berlin professioneller und vernetzter zu machen. »Viele Organisationen sind sehr klein und arbeiten ganz ohne Hauptamtliche. Doch ohne Hauptamt ist Ehrenamt auf Dauer nicht möglich. Wir wollen effiziente Strukturen schaffen und das Engagement für die Mehrheitsgesellschaft sichtbar machen, damit die Menschen Anerkennung bekommen für ihre Arbeit.«

Von der Politik fühlen sich die Mitarbeiter der IKFA gut unterstützt – zumindest die politische Willensbekundung sei da, deutsche Vereine und Verbände zur Zusammenarbeit mit Migranten zu bewegen. Von alleine seien die nämlich nicht unbedingt dazu bereit, wie Arkat beobachtet. »Die Notwendigkeit der interkulturellen Öffnung ist in vielen Verbänden noch nicht als akute Aufgabe gegriffen worden«, sagt sie. Viele Wohlfahrtsverbände partizipieren zwar an entsprechenden Modellprojekten und Förderungen; strukturelle Änderungen zur nachhaltigen Einbindung von Personen mit Migrationshintergrund werden aber selten umgesetzt.

Insbesondere im neuen Bundesfreiwilligendienst mit enger Kontingentierung zeigen sich die Auswirkungen aufgrund der großen Konkurrenz deutlich: »Es gibt Verbände, die ihre Stellen kaum besetzen können – während unsere Wartelisten für Bewerber immer länger werden. Spätestens wenn es um die Vergabe und Verteilung von Fördermitteln geht, zeigt sich sehr deutlich, auf welch wackligem Fundament Bekenntnisse und Ansätze der interkulturellen Öffnung immer noch stehen«, beklagt Arkat. Dass die Öffnung für Migranten von oben verordnet werde, sei zwar schade, aber auch wirkungsvoll. »Der politische Druck ist gut, er bringt die nötige gesellschaftliche Veränderung«, glaubt sie.

Die interkulturelle Kompetenz von Organisationen wie der IKFA werde dringend gebraucht, sagt Arkat. An Freiwilligen mangele es nicht, aber deutschen Organisationen fehle es manchmal an der richtigen Ansprache. Muslimische Frauen etwa, die an den üblichen SJ-Vorbereitungskursen mit Übernachtung nicht teilnehmen wollen, hilft die IKFA mit Tageskursen ohne Übernachtung. Der Erfolg spricht für sich: Siebzig Jugendliche warten laut Arkat allein in Berlin auf einen FSJ-Platz. Auch für den Bundesfreiwilligendienst, den Menschen aller Altersgruppen ableisten können, gibt es Interesse. Allerdings hat das Bundesamt für zivilgesellschaftliche Aufgaben der IKFA nur zwei Plätze zugedacht – um die deutschen Träger nicht zu verprellen, vermutet Arkat. Dass es überhaupt noch diesen Gegensatz zwischen deutschen und nichtdeutschen Organisationen gibt, ärgert die resolute Frau. Auch von der Politik fühlt sie sich, wenn es konkret wird, oft ausgebremst: Ihre Idee, FSJler in Migrantenorganisationen zum Aufbau einer Hauptamtlichenstruktur einzusetzen, lehnte das Bundeamt ab, mit der Begründung, es gebe dafür keinen geeigneten Fördertopf. »Wenn es ihnen wirklich ernst wäre mit der Förderung von migrantischem Engagement, hätte sich ein Topf gefunden«, sagt sie enttäuscht.

Eine neue Finanzierungsmöglichkeit hat das Bundesamt für Migration und Flüchtlinge geschaffen. Überregional arbeitende Migrantenorganisationen können dort Geld beantragen – allerdings nur, sofern sie in mindestens fünf Bundesländern tätig und nicht religiös ausgerichtet sind. »Ein Angebot ist das schon – aber keins der ausgestreckten Hand. Doch die ist in diesem Bereich besonders wichtig. Schließlich hat man es mit Leuten zu tun, die sich schon lange vergeblich um Anerkennung bemühen«, bringt Arkat das Grundproblem auf den Punkt. Wenn es kein Entgegenkommen der Mehrheitsgesellschaft gebe, brauche man sich über die Entstehung von Parallelgesellschaften nicht zu wundern, sagt Arkat und zitiert Max Frisch: »Wir riefen Arbeitskräfte, und es kamen Menschen.« Deutschland habe jahrzehntelang auf eine Einwanderungspolitik verzichtet, das räche sich. Nun, da bereits die dritte Generation nach den ehemals angeworbenen »Gastarbeitern« hier lebe, sei es Zeit, sich wechselseitig zu akzeptieren.

Die meisten Organisationen von Zuwanderern sind noch relativ jung. Denn die ersten Arbeitsmigranten, die im Zuge der Anwerbungsabkommen in den Fünfziger- und Sechzigerjahren des 20. Jahrhunderts nach Deutschland kamen, waren zunächst voll und ganz mit Arbeiten und notdürftiger Orientierung in ihrem neuen (wie die meisten damals dachten) »Gastland« beschäftigt. Die »Gastarbeiter«, die vor allem aus der Türkei, Griechenland, Spanien, Italien und dem Balkan kamen, waren zunächst nur Adressaten bürgerschaftlichen Engagements. Deutsche Wohlfahrtsverbände berieten und betreuten die Neuankömmlinge und später auch ihre nachziehenden Familien. Um Integration ging es dabei freilich nicht, sondern nur um soziale Hilfe. »Ob der Fließbandarbeiter in den Siebzigerjahren Deutsch sprach, interessierte niemanden. Hauptsache, er schaffte seinen Akkord«, formuliert es die Freiwilligenagentin Nalan Arkat.

In dieser Zeit richteten sich Migranten darauf ein, dauerhaft in Deutschland zu bleiben. Sie holten ihre Familien nach und bildeten eigene Organisationen. Religiöse Vereine fingen das Bedürfnis nach Religionsausübung besonders der Muslime auf. Neben den Moscheevereinen wurden auch viele weltliche Organisationen gegründet. Kulturvereine boten vom russischen Literaturzirkel bis zu kurdischen Volkstänzen Geselligkeit und Zusammenhalt. Selbsthilfegruppen, die auf Gruppen wie vietnamesische Boatpeople oder koreanische Krankenschwestern zugeschnitten waren, halfen den Menschen, sich in der Bundesrepublik zurechtzufinden. Politische Vereine beschäftigten sich mit der Situation in den Herkunftsländern, etwa mit Widerstandsarbeit aus der Ferne gegen autoritäre Regime wie im Iran.

Mit der Zeit verfestigten sich die Strukturen migrantischer Selbstorganisation, es entstanden Dachorganisationen und Netzwerke, vom Verband der Islamischen Kulturzentren bis zur Türkischen Gemeinde in Deutschland, die mittlerweile ein wichtiger politischer Akteur ist.

Auch deutsche Parteien, Wohlfahrtsverbände und Gewerkschaften öffnen sich langsam für die Beteiligung von Migranten. Und sei es nur aus taktisch-demographischen Erwägungen: Die Tatsache, dass wir ein Einwanderungsland sind, ist einfach nicht mehr zu übersehen. Jeder fünfte Deutsche hat mittlerweile einen Migrationshintergrund. Von den 16 Millionen Menschen mit ausländischen Wurzeln, die 2011 laut Statistischem Bundesamt in Deutschland lebten, haben 7,2 Millionen nicht die deutsche Staatsangehörigkeit. Aber auch die 8,8 Millionen mit deutschem Pass, von denen die Mehrheit aus der Türkei stammt, verfolgen vielfach Engagementformen, die außerhalb der Mehrheitsgesellschaft angesiedelt sind.

Von Teilen ebendieser deutschen Mehrheitsgesellschaft wird das Engagement von Einwanderern und ihrer Nachkommen mit Skepsis betrachtet. Insbesondere seit den Terroranschlägen vom 11. September 2001 stehen die islamischen Zentren und Moscheevereine immer wieder in der Kritik, sich abzuschotten. Hatte sich nicht Mohammed Atta, einer der Flugzeugattentäter, neben seinem unauffälligen Studentenleben in Hamburg-Harburg mit Gleichgesinnten in der Al-Quds-Moschee getroffen, wo extremistische Geistliche Muslime zum Hass anstachelten? Die Existenz solcher klandestinen Terrornester in ihrer Mitte versetzte die Nation in einen »Schläfer«-Schock. Hatte man die Moschee- und Kulturvereine zu lange sich selbst überlassen?

Im Zuge der folgenden Debatte über Integration und »Leitkultur« gerieten auch weltliche Migrantenorganisationen unter Generalverdacht. Man warf ihnen vor, die Herausbildung von migrantischen »Parallelgesellschaften« zu fördern. Dabei bietet die Mitarbeit in zivilgesellschaftlichen Organisationen eigentlich genau das, was Menschen ohne deutschen Pass anderweitig verwehrt bleibt: gesellschaftliche Teilhabe. Zumindest im Kleinen. Wer am Vereinsleben teilnimmt, kommt mit anderen Menschen in Kontakt, fühlt sich als Teil einer Gemeinschaft und kommt dadurch auch besser in der Gesellschaft zurecht. Experten sind sich weitgehend einig, dass sich Engagement grundsätzlich positiv auf die Integration auswirkt. Uneins ist man sich allerdings darüber, ob wirklich alle Formen der Gemeinschaft gleichermaßen integrationsfördernd sind.

Sebastian Braun von der Berliner Humboldt-Universität, der sich lange mit dem Thema Integration und bürgerschaftliches Engagement beschäftigt hat, glaubt, dass Engagement nicht automatisch eine Verbesserung für einzelne Menschen mit sich bringt. Braun unterscheidet etwa zwischen einem Jugendlichen, der nach der Schule ein Jahr den Bundesfreiwilligendienst leistet. Und seiner Mutter, die Mitglied in einem Folkloretanzverein ist. »Engagement bietet Interaktion, dadurch entsteht Nähe oder Freundschaft zu anderen«, sagt Braun. »Aber eigentlich interessant für den Integrationsprozess ist doch: Bekomme ich durch mein Engagement gesellschaftliche Vorteile? Befähigt es mich, Erfahrungen auch außerhalb meines sozialen Nahbereichs zu machen und in größeren gesellschaftlichen Netzwerken zu agieren?« Wo, wie beim Folkloretanzverein, vor allem die Festigung einer kulturellen Identität im Vordergrund stehe, sei der Nutzen für den Freiwilligen und für die Gesellschaft längst nicht so hoch wie beim Bundesfreiwilligendienst, bei dem sich ein Jugendlicher neue fachliche und soziale Kompetenzen aneignet – und nebenbei auch noch an ein bislang fremdes Milieu wie die deutschen Verbandsstrukturen herangeführt wird.

Jale Isikli muss man nicht groß an deutsche Verbandsstrukturen heranführen, sie ist schon mittendrin. Die 19-Jährige mit den perfekt geschwungen Augenbrauen ist schon seit mehreren Jahren in der Jugendmigrantenorganisation »young voice« der Türkischen Gemeinde aktiv. Sie organisierte mit Gleichaltrigen einen Kongress über Jugendpolitik in der Einwanderungsgesellschaft und übernahm Patenschaften für Schüler mit Migrationshintergrund. Seit Oktober leistet sie den Bundesfreiwilligendienst im Jugendbüro der TGD-Geschäftsstelle. Isikli wirkt trotz ihrer jungen Jahre wie ein alter Hase im Vereinswesen, sie schließt routiniert ihre Bürotür auf, öffnet das Fenster, bietet Getränke an. Sie erklärt, dass sie im Berliner Büro zu viert seien, aber bundesweit vernetzt, auch in Schleswig-Holstein, Niedersachsen, Hessen und Baden-Württemberg gebe es Landesverbände. Langfristig, das sagt sie gleich zu Beginn, wolle sich die Jugendorganisation aus der Trägerschaft der türkischen Gemeinde lösen. Die sei zwar sehr hilfreich, wenn es um Organisation und Unterstützung gehe. Aber irgendwie fühlten sich die jungen Leute immer »ein wenig wie die Kinderchen der Türkischen Gemeinde«. Das müsse aufhören, man sei schließlich eigenständig – und auch sehr international, sagt die junge Frau energisch. Young Voice sei keine türkische und auch keine Migrantenorganisation, die darin organisierten Jugendlichen seien ein »Mischmasch« aus Kulturen: die dritte Generation, die sich, wie Isikli selbst, mehr als Deutsche fühlt als noch die Eltern – aber trotzdem pausenlos mit der Suche nach der eigenen Identität beschäftigt sei. Auch »echte« Deutsche seien darunter. Aber man suche eher nach Gemeinsamkeiten, als das Trennende zu betonen. Das Etikett »türkisch« oder »deutsch« helfe dabei nicht weiter.

Ihre Erregung darüber, von den »Alten« nicht ernst genug genommen zu werden, ist ein bisschen rührend. Sonst wirkt Isikli nämlich beinahe beängstigend abgeklärt für ihr Alter. Nach dem Fachabitur im letzten Jahr habe sie Wirtschaftsrecht studieren wollen, wie ihre große Schwester. Dafür aber müsse sie ein einjähriges Praktikum nachweisen. Die Idee, bei young voice den Bundesfreiwilligendienst zu machen, sei von ihrem Büroleiter gekommen. »Ich habe anfangs gedacht, dass der Freiwilligendienst eher was für Jungs ist. Und die Mädchen Freiwilliges Soziales Jahr machen. Ich war mir nicht sicher, ob ich das schaffe. Aber jetzt weiß ich: Ich bin genau am richtigen Ort.« Auch Isiklis Vater wollte sich die Sache mit dem Bundesfreiwilligendienst erst einmal ansehen. Er kam vorbei, ließ sich das Büro zeigen und befand über den vermeintlichen Jungs-Job: »Das ist eine gute Sache – mach mal!«

Sechs Stunden täglich arbeitet Jale Isikli nun in dem kleinen Büro von young voice, das sich in der Geschäftsstelle der Türkischen Gemeinde zu Berlin und damit direkt gegenüber von Nalan Arkat und der IKFA-Vermittlungsagentur befindet. Als eine von vier Mitarbeiterinnen hat Isikli bisher einen Aktionstag gegen Rassismus organisiert und eine Schultütenaktion für arme Kinder. Im Rahmen des Paten-Projekts »Bildung und Spaß« betreut sie vier Kinder aus benachteiligen Familien. Momentan organisiert sie mit dem zweiten Bundesfreiwilligen zusammen, einem jungen Vietnamesen, ein deutsch-türkisches Jugendfest mit Bühnenprogramm und Familienangeboten. »Die Arbeit ist schon anspruchsvoll«, sagt sie. »Wir ›Bufdis‹ kochen hier nicht Kaffee, sondern werden ernst genommen. Auch für die Türkische Gemeinde in Deutschland erledigen wir manchmal Aufgaben. Ich weiß jetzt auch, aus wie viel Bürokratie das Arbeitsleben so besteht: Ich schreibe sehr sehr viele E-Mails und bin ständig am Telefon. Aber ich bin selbst überrascht, wie viel Spaß es macht. Ich habe das Gefühl, zu wachsen und zu einer neuen Orientierung finden zu können.«

Isikli hat mit großer Begeisterung an einem einwöchigen Seminar für Bundesfreiwillige in Braunschweig teilgenommen. Dort habe man politisches Wissen vermittelt bekommen, die jungen Leute konnten sich wahlweise näher mit dem Grundgesetz oder mit Hartz IV beschäftigen. Isikli war in der »Hartz-IV-Gruppe« und musste dort in der Fußgängerzone Betroffene finden und befragen. Die Gespräche mit Betroffenen hätten ihre Einstellung zu Sozialleistungen verändert, sagt die junge Frau. Sie habe sonst keinen Kontakt zu Hartz-IV-Beziehern. Das Seminar war verpflichtend, darüber hinaus kann Isikli auch Seminare für die Teilnehmer des Freiwilligen Sozialen Jahrs besuchen – was sie auch vorhat. Sie ist entschlossen, alles mitzunehmen, was ihren Horizont erweitert.

Das Jahr ist gerade einmal zur Hälfte um, und Isikli hat sich schon umorientiert: Sie will nun nicht mehr Wirtschaftsrecht studieren, sondern Soziale Arbeit. Die Arbeit mit Kindern und Jugendlichen macht ihr so viel Spaß, dass sie dafür gerne bereit ist, später weniger zu verdienen. »Eine Arbeit muss man viele Jahre lang ausüben, da tue ich lieber etwas, das mich glücklich macht«, sagt sie und berichtet lachend, dass ihr Vater, der einen Getränkehandel besitzt, nicht gerade froh sei über ihre neuen Pläne. Ihre Mutter dagegen, eine Visagistin, unterstütze sie. Die Eltern würden ihr das Studium wohl finanzieren, sagt sie. Aber das wolle sie gar nicht. »Mit Nebenjobs wird es auch gehen.« Mit ihrer Begeisterung für den Bundesfreiwilligendienst hat Jale Isikli bereits ihre Umgebung angesteckt: Vier ihrer Freundinnen verrichten ebenfalls den Dienst, auch ihre Schwester, die gerade mit ihrem Studium fertig ist, überlegt, es zu tun. Kann sein, dass die Familie Isikli bald noch eine Wirtschaftsjuristin weniger hat.

»Wir sind nicht reich, aber demokratisch«: die Bürgerstifterin

Ein frostiger, aber sonniger Tag in Eberswalde. Ich laufe die Bahnhofstraße entlang. Mit mir sind am Bahnhof viele junge Leute mit großen Taschen ausgestiegen, auch einige Menschen in Businesskleidung mit Notebooks unter dem Arm. Studierende und Beschäftigte der »Hochschule für Nachhaltige Entwicklung«, nehme ich an. Der Pendlerstrom verteilt sich in der Innenstadt, ich stehe auf dem historischen Marktplatz und denke an Friederike. Wir studierten zusammen in Leipzig, und als ich sie fragte, woher sie komme, sagte sie zögernd: »Eberswalde.« Friederike war es peinlich, aus der Stadt zu stammen, die Mitte der Neunzigerjahre ein Synonym für Fremdenhass und Gewalt geworden war, neben anderen ostdeutschen Städten wie Rostock oder Hoyerswerda.

Am 24. November 1990 prügelten dort auf offener Straße Neonazis den 28-jährigen Angolaner Amadeu Antonio zu Tode. Die Polizei war vor Ort, schritt aber nicht ein, die jugendlichen Täter kamen mit milden Strafen davon. In der Stadt herrschte ein politisches Machtvakuum, in dem Rechtsextreme die Bevölkerung terrorisierten. Niemals werde sie in dieses »Nazikaff« zurückkehren, sagte Friederike damals angewidert. Ob sie ihre Drohung wahr gemacht hat, weiß ich nicht. Wir haben uns aus den Augen verloren.

Ich stehe jetzt auf dem Marktplatz in Eberswalde und suche eine kleine weiße Villa, weil ich Menschen treffen will, die damals geblieben sind. Die versucht haben, das Problem mit den Nazis selbst anzupacken. 1998 gründete sich die »Amadeu Antonio Stiftung für Zivilgesellschaft und Demokratische Kultur«. Aus dieser ersten Initiative entstand ein kleiner demokratischer Aufbruch. Im selben Jahr gründete sich das »Netzwerk tolerantes Eberswalde«, das eine Gegenpräsenz zu den Rechten etablierte. Bis Ende der Neunzigerjahre gelang es den Bürgern, die rechte Szene aus der Stadt zurückzudrängen. Der Gegner war weg, das demokratische Netzwerk blieb. 2003 entstand daraus die Bürgerstiftung Barnim-Uckermark.

Zehn Jahre nach ihrer Gründung residiert die Bürgerstiftung im obersten Stock einer weißen Villa in Bahnhofsnähe. Die Leiterin Helga Thomé, die zu den Mitgründerinnen zählt, sitzt an einem großen Schreibtisch, umringt von Urkunden und Preisen: »Förderpreis Aktive Bürgerschaft 2011«, »Ausgewählter Ort 2012«, Preis »Bürgerstiftung mit Ideen«. Auf einem Foto erkenne ich eine Kollegin. Sie hat mit der Bürgerinitiative »Biesenthal ist bunt statt braun« Pläne der NPD durchkreuzt, aus einem ehemaligen Asylbewerberheim ein Schulungszentrum für Rechtsextreme zu machen. Mit einem öffentlichen Friedensgebet und einem Familienfest demonstrierten die Einwohner von Biesenthal ihre Weltoffenheit und vergällten den Rechten den Standort. Eines von vielen kleinen

Zeichen des Widerstands gegen Bestrebungen von Rechten, Brandenburg als Rückzugsgebiet zu nutzen.

»Wir sind nicht reich, aber dafür umso demokratischer«, lächelt die Frau mit dem schnittigen Pagenkopf. 123 000 Euro beträgt das Gesamtkapital der Stiftung, es stammt von insgesamt 84 Stiftern, von denen viele »aus dem sozial-grünen Milieu« der Stadt kommen. Thomé ist stolz darauf, dass die gemeinsame Sache von so vielen getragen wird. Das zeige, dass die Impulse von der Basis kämen. Und nicht von einigen wenigen Wohlhabenden, wie es in anderen Bürgerstiftungen der Fall ist.

Die Organisation in Eberswalde verkörpert nahezu idealtypisch das Grundprinzip der Bürgerstiftung: Wenig Kapital aus vielen Händen, eingesetzt für eine gemeinsame Sache. Der Stiftungszweck wird – im Gegensatz zu herkömmlichen Stiftungen, wo allein der Wille des oder der Stifter entscheidet – in Bürgerstiftungen gemeinsam ausgehandelt und je nach Bedarf geändert. In Eberswalde hat man sich bei der jährlichen Sitzung auf die Handlungsfelder Bildung, bürgerschaftliches Engagement und Demokratie verständigt. Mitreden darf jeder, der mindestens 500 Euro eingelegt hat. Die meisten Stifter, von der Studentin bis zum Rentner, wohnen in Eberswalde, auch ein paar Berliner und ein Pfälzer, der sich aus Überzeugung für die Demokratiearbeit in Brandenburg einsetzt, sind darunter. Das Umland sei unterrepräsentiert, die Mehrheit der Aktivitäten spiele sich in Eberswalde ab, räumt die 42-Jährige selbstkritisch ein. »Den Namen Barnim-Uckermark müssen wir uns erst noch verdienen.« Mit dem Barnim und der Uckermark hat sich die Stiftung zwei sehr unterschiedlichen Regionen verschrieben. Während der Niederbarnim zum Speckgürtel Berlins zählt, gilt die nordbrandenburgische Uckermark, der flächenmäßig größte Landkreis der Bundesrepublik, als extrem strukturschwach.

»Wussten Sie, dass die EU die Uckermark als ›nicht besiedelt‹ einstuft?«. Helga Thomés Stimme verrät leise Empörung. Schließlich leben gut 182 000 Menschen dort. »Die weiten Wege und die schlechte Infrastruktur machen es mühselig, dort ein funktionierendes Netzwerk aufzubauen«, sagt Thomé. »Aber wir bleiben dran.« Mit dem Ideenwettbewerb »Kohle für Coole«, der Jugendinitiativen für bürgerschaftliches Engagement auszeichnete, und einer »KinderUni« mit Vorlesungen aus Gesellschaft, Politik und Wissenschaft, aufbereitet für 12- bis 14-Jährige, kam die Stiftung so gut an in der Uckermark, dass man schnell weitere Projekte nachschob: Eine »JugendUni« eröffnete 2012, zusammen mit der Hochschule für Nachhaltige Entwicklung. Dort hielt ein Forscher eine Vorlesung über Avatare, ein türkischer Performer spielte nach, mit welchen Stereotypen »People of Colour« hierzulande zu kämpfen haben. Im Herbst 2013 soll ein Projekt zur Stärkung von Kinderrechten anlaufen.

»Es ist wichtig, immer wieder aufzuzeigen, wie vielfältig unsere Gesellschaft ist – und dass man vor dieser Vielfalt keine Angst haben braucht«, sagt Thomé. Auch für die Eltern der Kinder wird es Workshops und Kurse zu gesellschaftlicher Vielfalt geben. »Demokratiearbeit ist unser Beitrag dazu, dass rassistische und menschenverachtende Einstellungen sich nicht verbreiten«, sagt Helga Thomé. Vorurteile enstünden oft durch Unkenntnis, die Bürgerstiftung sieht es darum als ihre Aufgabe, die Brandenburger mit möglichst vielen Lebensweisen, Sprachen und Identitäten bekannt zu machen.

Helga Thomé, die eigentlich aus der Eifel stammt, kam in den Neunzigern nach Eberswalde, um Umweltkommunikation zu studieren. Viele ihrer westdeutschen Bekannten hätten nicht verstanden, wie man freiwillig nach »Dunkeldeutschland« gehen konnte – Teile von Ostdeutschland galten damals als unrettbar verloren für die Demokratie. Thomé aber war begeistert von der Kraft der Engagierten, die tatkräftig dazu beitrugen, dass der Ruf der »Nazistadt Eberswalde« Geschichte wurde. Schnell wurde sie eine von ihnen – und arbeitet inzwischen »mehr als Vollzeit« für ihre Idee einer aktiven Bürgerschaft. »Ich mache das mit Herzblut«, sagt sie. Auch wenn die finanzielle und personelle Ausstattung der Bürgerstiftung alles andere als rosig ist.

Gerade einmal drei feste Mitarbeiter sind es, die Lesepatenprojekte, den von der Stiftung alle zwei Jahre verliehenen »Barnimer Förderpreis für Demokratie« und andere Projekte stemmen. Weil das Stiftungskapital nicht reicht, um alle Vorhaben abzudecken, müssen sie auch Projektgelder beantragen. Seit fünf Jahren betreibt die Bürgerstiftung auch eine Freiwilligenagentur, die ihren Raum direkt nebenan hat. Die erreiche mit ihrer unkomplizierten Vermittlungsarbeit selbst Langzeitarbeitslose oder sozial isolierte Ältere – »eine gute Ergänzung zur Stiftungsarbeit«, findet Thomé. Die Agentur wird zu zwei Dritteln von Spenden finanziert, ein Drittel übernimmt die Stadt. Die Stadtverwaltung hätte die Agentur eigentlich gerne komplett übernommen – doch die Stiftergemeinschaft entschied sich, lieber unabhängig zu bleiben. Vom Haushalt unabhängig, überkonfessionell, politisch neutral – so sehen sich Eberswaldes Aktivbürger. Zugunsten der Eigenständigkeit verzichtet man da schon mal auf Fördergelder – etwa aus dem Bundesfamilienministerium. Die von Familienministerin Kristina Schröder (CDU) eingeführte »Demokratieerklärung«, wonach sich Antragsteller für Demokratiefördertöpfe schriftlich verpflichten müssen, »Sorge zu tragen, dass die als Partner ausgewählten Organisationen, Referenten etc. sich ebenfalls zu den Zielen des Grundgesetzes verpflichten«, lehnt Thomé entrüstet ab. Auf diese umstrittene Extremismusklausel angesprochen, wird die sonst so sachliche Frau regelrecht wütend:

»Das ist eine Zumutung – sollen wir Engagierte fünfmal nachprüfen? Frau Schröders Generalverdacht ist lächerlich und diskreditiert unsere Arbeit. Solche Bedingungen akzeptieren wir nicht.« Man mache sich nicht klein vor einer Politik, die noch immer nicht verstehe, dass sie engagierte Bürger endlich als gleichwertige Partner behandeln solle, ruft Thomé und gestikuliert wild mit einem Kugelschreiber. »Ehrenamt hat einen Platz an sich in der Gesellschaft – zu seinen eigenen Bedingungen. So sehe ich uns als Bürgerstiftung. Und ich bin nicht bereit, mich einem Geldgeber unterzuordnen.«

Ob es an Vorgaben wie der »Extremismusklausel« liegt, dass so wenige andere Bürgerstiftungen Projekte zur Demokratiebildung betreiben? Rund 300 Bürgerstiftungen mit mehr als 200 Millionen Euro Kapitalvermögen gibt es im Bundesgebiet, wie Burkhart Küstermann, Leiter der Initiative Bürgerstiftungen beim Bundesverband Deutscher Stiftungen, erklärt. Die meisten von ihnen widmen sich den Themen Kinder, Jugend, Bildung und Soziales: »Diese Bereiche sind allgemein als gesellschaftlich wichtig anerkannt, man findet schnell Freiwillige und Projektpartner – und auch Politiker stellen sich gern fürs Foto neben lachende Kinder«, sagt der Bürgerstiftungsexperte süffisant. Küstermann und seine drei Kollegen arbeiten an der Professionalisierung der Bürgerstiftungen. Sie ermuntern »Einzelgänger« wie die Eberswalder durch Förderpreise, treiben die Vernetzung voran und bemühen sich, den Bürgerstiftungsgedanken weiter in Gesellschaft und Politik zu tragen.

Bürgerstiftungen sind keine ganz neue Idee. Die ersten »Community Foundations« entstanden ab 1914 in den USA. Die Cleveland Community Foundation, in jenem Jahr von dem Bankier und Rechtsanwalt Frederick Harris Goff gegründet, war die erste, viele weitere folgten. Es waren gemeinnützige Organisationen, die lokal oder regional arbeiteten, unabhängig von Staat oder Kirche und ganz dem praktischen Bürgersinn verpflichtet. In den USA verfügen die 650 Community Foundations inzwischen über mehrere Milliarden Dollar Kapital. In Deutschland waren es der »Bertelsmann«-Gründer Reinhard Mohn und der Kriminologe und ehemalige niedersächsische Justizminister Christian Pfeiffer, die diese demokratische Form des Stiftens publik machten. Mohn initiierte 1996 in Gütersloh die Stadtstiftung, Pfeiffer gewann in Hannover 1997 viele Mitstreiter, die zusammen eine deutsche Variante der Community Foundation gründeten. Das Modell, attraktiv als bürgernahe »Stiftung für jedermann« und im Vergleich zu Vereinen auf langfristigen Kapitalaufbau ausgelegt, verbreitete sich rasch.

1999 gab es bereits rund 40 Bürgerstiftungen im gesamten Bundesgebiet. Die Initiative Bürgerstiftungen als neuer Dachverband übernahm es, einheitliche Standards zu definieren und ein Gütesiegel für Bürgerstiftungen zu entwickeln. Um diesen »Bürgerstiftungs-TÜV« zu bekommen, muss eine Bürgerstiftung zehn Merkmale erfüllen, die der Bundesverband 2000 beschlossen hat: Gemeinnützig soll eine Bürgerstiftung sein und sich als Element einer selbstbestimmten Bürgergesellschaft verstehen. Sie wird in der Regel von mehreren Stiftern errichtet, sie ist wirtschaftlich und politisch unabhängig und lehnt Dominanz einzelner Stifter ab. Ihr Aktionsgebiet ist geographisch begrenzt, sie baut kontinuierlich Stiftungskapital auf und ist dabei für alle der Stiftungsidee verbundenen Bürger offen. Sie verfolgt einen breiten Stiftungszweck und kann sowohl fördern als auch selbst tätig sein. Innovativ soll sie sein, Hilfe zur Selbsthilfe fördern und transparent und partizipativ nach innen und außen arbeiten.

Die Popularität des Modells ist enorm. Rund 45 Prozent der Bewohner Deutschlands leben in einer Stadt oder einem Landkreis, in dem es eine Bürgerstiftung gibt. »Jeden Tag kommen zwei bis drei Neugründungen hinzu«, schätzt Küstermann. Zwei Entscheidungen der Bundesregierung sieht er als mitverantwortlich für den Boom: 2007 wurde das Steuerrecht für Stiftungen reformiert. Wo vorher je nach Stiftungszweck unterschiedliche Regelsätze für die Steuerabsetzbarkeit von Spenden galten, gibt es nun einen einheitlichen Satz von zwanzig Prozent. Damit können Stiftungen Spenden in den Bereich verbuchen, in dem sie am meisten gebraucht werden – ohne sich kümmern zu müssen, ob Katastrophenhilfe mit zehn oder Entwicklungshilfe mit fünf Prozent besteuert wird. Außerdem erhält jede Stiftung bei ihrer Gründung einen Freibetrag von einer Million Euro. 2008 wurde die Liste der gemeinnützigen Stiftungszwecke erweitert. Auch Kultur und bürgerschaftliches Engagement zählen nun dazu. Da Bürgerstiftungen oft in diesen Feldern arbeiten, zählen sie zu den Nutznießern dieser Reformen.

Das Prinzip, Kapital und Knowhow von möglichst vielen Privatpersonen zu versammeln, kann allerdings auch ein Nachteil sein. Küstermann und seine Kollegen beobachten mit Sorge, dass sich die finanzielle Kluft zwischen den Mitgliedern vergrößert. Während die Bürgerstiftungen in Hamburg, Dresden und Braunschweig am reichsten sind, haben die in kleinen Städten oder wenig finanzstarken Regionen angesiedelten kaum genug für den eigenen Betrieb. Nur jede siebte Bürgerstiftung verfügt über mehr als eine Million Euro. Und nur jede sechste kann mehr als 50 000 Euro jährlich für Projekte ausgeben.

Große Sprünge kann man so nicht machen – und schon gar nicht nachhaltig wirken. Tatsächlich bescheiden sich Bürgerstiftungen allzu oft mit Kleinstprojekten – bei denen sie auch noch mit anderen Initiativen vor Ort konkurrieren. Der Bundesverband will weg von den vielen Eigenvorhaben: Warum, fragt Küstermann, muss eine Bürgerstiftung das dritte Lesepatenprogramm ins Leben rufen, wenn es doch bereits eins von der Handelskammer und eins von einem Sozialverein gibt? An guten Ideen fehle es in Deutschland ja nicht. Wohl aber an Plattformen, die den Sozialverein und die Handelskammer zusammenbringen und dafür sorgen, dass die Lesepatenprojekte zahlreicher und besser werden. Diese vermittelnde Rolle sollen Bürgerstiftungen künftig stärker einnehmen. Schließlich sind sie bei Gemeinden und Städten bereits als Ansprechpartner akzeptiert. Das bereits bestehende Netz der Bürgerstiftungen könnte Anlaufpunkt für viele andere Initiativen werden. Und die bundesweite Vernetzung der Zivilgesellschaft entscheidend vorantreiben.

»Selbstermächtigung für Menschen ohne Lobby«: die Community-Organizerin

Es gibt Orte, an denen die Menschen nur noch übereinander, aber nicht mehr miteinander sprechen. Der Leopoldplatz in Berlin-Wedding ist so einer. Der »Leo«, wie ihn die Nachbarn liebevoll nennen, wird durch eine Straße in zwei Hälften geteilt. Ringsum viel Verkehr, eine U-Bahnstation, ein Kaufhaus, auf dem Platz zwei Kirchen, dazwischen tummeln sich tagsüber Biertrinker, Markthändler und tütenbepackte Hausfrauen. Der Platz galt jahrelang als Ärgernis im Kiez. Die Händler ärgerten sich über Trinker, die Urinlachen hinterließen, Familien mieden ihn aus Angst vor den Junkies und Dealern – und alle Anwohner beklagten eine Verwahrlosung des Platzes. Nun gibt es dort einen nagelneuen Spielplatz und am Platzrand eine öffentliche Toilette, insgesamt wirkt der Leo freundlicher. In der Stadtteilzeitung habe ich gelesen, dass dieser erstaunliche Wandel einer neuen Form des Bürgerengagements zu verdanken ist: Die 2008 gegründete Bürgerplattform Wedding-Moabit arbeitet nach der amerikanischen Methode des »Community Organizing«. Die Idee dabei ist, sämtliche Einwohner des Stadtteils an einen Tisch zu holen. Nicht nur die Mittelschicht, sondern wirklich alle: Arbeitslose, Flüchtlinge, Rentner, Obdachlose, Hausfrauen, Pfarrer und Angestellte. Die verschiedenen Gruppen sollen miteinander Lösungen für ihren Kiez entwickeln.

Mir kommt das naiv vor. Alle zusammen, Hand in Hand, wie soll das gehen? Gerade im Wedding, wo mehr als 160 Nationen auf engem Raum zusammenleben?

Auf der Website der Bürgerplattform lese ich, dass die Community-Organizer das Miteinander von langer Hand geplant haben: 2007 formierte sich ein Kernkreis aus bereits bestehenden Stadtteilgruppen, die miteinander in Kontakt kommen wollten. 2008 dann machten vierzig Gruppen aus Wedding und Moabit ihre Zusammenarbeit öffentlich. Die Fotos auf der Website zeigen, wie sich alle 1150 Mitglieder in einer Stadthalle versammelten, unter einem gemeinsamen Motto: »Wir sind da!« – eine wirkmächtige Inszenierung. Und ziemlich amerikanisch. Über fünfzehntausend Menschen seien durch die Mitgliedsgruppen vertreten, lese ich. Kann mir aber nichts Genaues unter der Arbeit dieser Bürgerplattform vorstellen.

Wer sind die Menschen, die in »Kernkreisen« arbeiten, wer sind ihre »Leader« und »Organizer?« Ich versuche, Kontakt aufzunehmen. Vielleicht könnte ich eine der Gruppen einen Tag lang begleiten? Das gehe nicht, erklärt mir eine Frau am Telefon. Passive Beobachter störten die Gruppenarbeit. Ich solle die nächste öffentliche Aktion abwarten. Oder erst einmal das Standardwerk über Community Organizing lesen. Das habe ich längst, aber noch immer kann ich mir nicht vorstellen, wie die Methode funktioniert.

Schließlich erklärt sich Dagmar Schmidt zum Gespräch

bereit. Sie ist als Organizerin bei der Gruppe »Freie Weddinger« aktiv, einer der vielen Mitgliedsgruppen der Plattform. Schmidt trägt Businesskleidung, sie hat sich mitsamt Laptop, Smartphone und einer Menge Unterlagen in einem kleinen Café am Leopoldplatz niedergelassen. Es gibt selbst gebackenen Kuchen und frisch gepressten Saft, durch die großen Fenster blickt man direkt auf die Nazarethkirche.

In der Kirche, erzählt mir Dagmar Schmidt, traf sich 2009 das »Aktionsteam öffentlicher Raum«. Moderiert von einer professionellen Organizerin, sprach man über Problemlösungen für den Platz – die Teilnehmer saßen dabei so, dass die Muslime unter den Gästen nicht auf das Kreuz schauen mussten. Ein entscheidendes Detail, wie Dagmar Schmidt betont: »Typisch für die Arbeitsweise von Community-Plattformen ist die vorurteilsfreie Herangehensweise. So kommt man mit Menschen ins Gespräch, die normalerweise nicht erreicht werden«, erklärt Schmidt. Beim Treffen in der Kirche waren Moschee- und Kirchenvertreter, Gewerbetreibende und Mütter dabei.

Das Team beschloss eine öffentliche Aktion: Zum Erntedank- und Opferfest gab es eine öffentliche Speisung auf dem Leo. »Das war schon ein außergewöhnliches Bild«, beschreibt Schmidt: »Trinker saßen neben Politikern, Vereinsvorstände neben Junkies, Polizisten neben türkischen Jugendlichen. Auf einer Bühne trugen Anwohner konkrete Forderungen an die Politik vor – die, durch den öffentlichen Druck in Zugzwang gebracht, darauf reagieren mussten.«

Das Ergebnis dieser »Nötigung«: Jetzt gibt es, neben Spielplatz und Toilette, auch einen ausgewiesenen

Trinkerbereich auf dem Platz, »die Situation hat sich für sämtliche Nutzergruppen entspannt«. Für die Community-Organizer ist der Tagesordnungspunkt »Leo« damit zunächst erledigt – vor Ort beobachten Vertreter der Kirche die Atmosphäre. Droht neuer Ärger, kann die Aktionsgruppe jederzeit wieder loslegen. Die Bürgerplattform hat damit erreicht, was diversen Runden Tischen und einem vom Bezirk bezahlten Quartiersmanagement in Jahren nicht gelungen ist.

Ein oder zwei Mal im Jahr treffen sich alle zur Vollversammlung. Den Rest des Jahres arbeiten die Kerngruppen an ihren Themen. Die schlechten Schulen, die vielen vernachlässigten Ecken und Plätze, das nach einer Zentralisierung viel zu kleine und mit den vielen Arbeitslosen überforderte Jobcenter für den Großbezirk Mitte – diese Angelegenheiten brennen den Einwohnern beider Stadtteile momentan am meisten auf den Nägeln. Die Aktionsteams sind nur ein kleiner Bestandteil eines beeindruckenden Netzwerks. In den beiden Ortsteilen Wedding und Moabit haben sich vierzig Gruppen, Initiativen und Netzwerke zur Bürgerplattform Moabit zusammengeschlossen.

Eine davon ist die Gruppe »Freie Weddinger«, Dagmar Schmidt ist ihre Leaderin. Sie sorgt für Zusammenhalt und Austausch, auf der nächsthöheren Ebene ist sie Mitglied im Strategieteam, das die Strukturen der Plattform weiterentwickelt. »Neue Verbindungen herstellen, Verbindungen ausbauen, das liebe ich«, sagt die 43-Jährige, die sich selbst als Berufsehrenamtlerin bezeichnet. »Ich mache das Engagement oft zu meinem Beruf – wenn mich etwas interessiert, kniee ich mich richtig in die Materie hinein.« Die gebürtige Schwäbin lebte in London und engagierte sich dort für ein Hausprojekt, dann betrieb sie in Südafrika Organisationsentwicklung für christliche Kinderhilfswerke. In Berlin arbeitet sie als Projektentwicklerin: Hauptberuflich betreibt sie eine Agentur für nachhaltiges Engagement, ehrenamtlich ist sie »Leaderin« einer Mitgliedsgruppe der 2007 gegründeten Bürgerplattform Wedding-Moabit. Ungefähr zwei Stunden die Woche wende sie fürs »Organizen« auf, sagt Schmidt. In Hochphasen, vor einer Gemeinschaftsaktion oder wenn sie Fundraising-Workshops gibt, können es auch wesentlich mehr sein. »Ich zähle nicht mit, schließlich ist es meine Herzensangelegenheit«, sagt Schmidt. Und wechselt nahtlos über in ein (hauptamtliches) Kundengespräch am Telefon.

»Organizer«, »Leader«, »Fundraising«. Wie an der Sprache zu erkennen ist, kommt Community Organizing aus den USA. Dort wurde es entwickelt, um Bewohnern von urbanen Armenvierteln eine Möglichkeit zur Verbesserung ihrer Lebensumstände zu geben. Als Begründer gilt Saul Alinsky, der 1939 in einem Chicagoer Slum den *»Back of the Yards Neighbourhood Council«* gründete. Im Gegensatz zur Sozialarbeit wirkt das Community Organizing nicht von außen in das Viertel hinein. Der Organizer versteht sich als ein externer Moderator, der die bereits vor Ort bestehenden Gruppen in die Lage versetzt, ihre Probleme selbst zu lösen. Alinsky gelang es erstmals, verfeindete Gruppen wie Gewerkschafter und katholische Priester an einen Tisch zu bekommen. Zusammen organisierten sie Boykotte und Streiks und setzten mit unkonventionellen Methoden Arbeitgeber und Politiker unter Druck. Mit Erfolg: Alinsky erreichte mehr Mitbestimmung für schwarze Arbeiter in den Kodak-Werken und eine deutliche Verbesserung der Wohn- und Lebensbedingungen im schwarzen Ghetto.

Alinskys Methode wurde bald auch in anderen sozialen Brennpunkten als wirkungsvolles Instrument der Stadtteilarbeit eingesetzt. Auch Gewerkschaften nutzen in den USA Community Organizing zur Mobilisierung: Professionelle Organizer gehen in Betriebe, um dort die Voraussetzungen für den Aufbau einer Arbeitnehmervertretung zu schaffen und anschließend den Arbeitskampf zu organisieren. US-Präsidentschaftskandidat Barack Obama, der früher selbst als Community-Organizer tätig war, setzte diese Form der Mobilisierung 2008 im Wahlkampf ein. In Deutschland wurde die Idee von dem katholischen Theologen und Hochschullehrer Leo Penta publik gemacht: Penta kam in den Neunzigerjahren aus den USA nach Hamburg, um dort die erste Bürgerplattform aufzubauen. 2006 gründete er das Deutsche Institut für Community Organizing (DICO)an der Katholischen Hochschule Berlin.

Als Dagmar Schmidt Leo Pentas 2008 erschienenes Buch über Community Organizing las, war das wie ein Erweckungserlebnis. »Der Ansatz leuchtete mir sofort ein«, erklärt sie: »Endlich hatte ich eine Methode gefunden, um mich nachhaltig engagieren zu können.« Die Mitarbeit in Kirchengemeinden und Vereinen genügte Schmidt zu diesem Zeitpunkt längst nicht mehr, sie wollte methodischer arbeiten. Für eine Mitgliedschaft in einer Partei konnte sie sich nicht erwärmen, »das System läuft leer, es kreist um sich selbst, statt die Bürger in diesem Land zu repräsentieren«, findet sie. Auch in der Rolle der Protestbürgerin fühlt sich Schmidt unwohl. »Ich möchte nicht gegen etwas arbeiten, sondern für etwas. Ich will wirklich die Welt verändern, mit den Mitteln, die mir gerade sinnvoll erscheinen«, sagt sie.

Die Welt verändern, ist das nicht eine Nummer zu groß für das, was gerade im Wedding passiert? »Nein«, sagt Dagmar Schmidt und richtet sich kerzengerade auf dem Sofa auf. »Die Angelegenheiten, um die wir uns kümmern, mögen sich noch klein anhören. Aber langfristig bringt uns Community Organizing auf den Weg zu einer starken Zivilgesellschaft – die ist in Deutschland noch sehr schwach.« Der Weg zur Zivilgesellschaft, das glauben Schmidt und ihre Mitstreiter, ist ein langsamer Prozess. Er beginnt ganz unten, bei der persönlichen Begegnung zwischen Menschen. Wenn sich Vertreter verschiedener Religionen und sozialer Gruppen auf Augenhöhe begegnen, ist der erste Schritt gemacht: Die typischen Mechanismen unserer Gesellschaft – nur wer gut reden kann und sozial etwas gilt, findet Gehör – sind aufgebrochen. Ein professioneller Organizer moderiert das Gespräch, hilft ein Netzwerk zwischen den Gruppen zu bilden. Gemeinsam definiert man Themen, auf die sich die politische Arbeit konzentrieren soll.

Erst dann treten die Bürger mit ihren Forderungen in die Öffentlichkeit: Als gut organisierte Masse können sie effektiv mit Politik und Verwaltung verhandeln. »Man braucht Masse und Geld, um sich Gehör zu verleihen – das sind die Lehren von Saul Alinsky, die wir beherzigen«, sagt Schmidt. Deshalb arbeiten die Community-Organizer auch hauptamtlich. Ausgebildet und bezahlt werden sie vom DICO, dem bislang einzigen Community-Organizing-Institut in Deutschland.

Vier Bürgerplattformen gibt es bislang hierzulande, eine in Hamburg-Bergedorf und drei in Berlin, in den Bezirken Wedding/Moabit, Schöneweide und Neukölln. Das Modell hat Zukunft, daran glaubt nicht nur Dagmar Schmidt. Zu den Freunden und Förderern des Community Organizing gehört unter anderem die Hamburger Körber-Stiftung, die das DICO durch eine langfristige Strukturförderung unterstützt. Für Karin Haist, zuständig für den Bereich »Gesellschaft«, ist Community Organizing »eine tolle Möglichkeit zur Selbstermächtigung, besonders für Menschen ohne Lobby«. Wer einmal so eine Vollversammlung mit Hunderten von selbstbewussten Menschen erlebt habe, begreife, wie wirkmächtig die Methode sein könne, sagt Haist. Mit der Verbreitung habe es Community Organizing allerdings noch schwer in Deutschland, räumt die Programmleiterin ein. »Die Arbeitsweise ist schon sehr amerikanisch: das Egalitäre, ohne Ansehen von sozialer Stellung und Funktion, ist schwer in Einklang zu bringen mit dem deutschen Vereins- und Verbandswesen.«

Als ich in der S-Bahn in Leo Pentas Buch lese, spricht mich ein Mitreisender an. »Community Organizing«, das klinge ja interessant. Der Herr arbeitet bei der Berliner Senatsverwaltung für Stadtentwicklung.

Dort sucht man offenbar dringend neue Konzepte für nachhaltige Bürgerbeteiligung in Problemquartieren. Man wolle in der Wohnbevölkerung mehr Umweltbewusstsein erreichen, sagt er mir, auch die unteren sozialen Schichten sollten sich für ihren Nahraum verantwortlich fühlen, Grünflächen respektieren, Müll trennen und Car Sharing betreiben. Als ich erwidere, dass es beim Community Organizing gerade nicht darum gehe, von oben Ziele vorzugeben, sondern darum, die Menschen ihre eigenen Veränderungswünsche formulieren zu lassen, reagiert er skeptisch. Er scheint sich nur schwer von der Vorstellung zu lösen, nur Experten könnten Probleme erkennen. Und anschließend erteile der Senat Handlungsempfehlungen. Dann, aber auch erst dann, dürfen die Bürger mitarbeiten, ganz praktisch.

Diese »Expertokratie« geht selbstverständlich davon aus, dass Menschen in Verwaltungsfunktionen besser wissen, was zu tun ist, als »einfache Bürger« – sie sind schließlich Profis auf ihrem Gebiet. Deswegen sollten sie auch – Bürgerbeteiligung hin oder her – die Fäden in der Hand behalten, wenn es um die Umgestaltung eines Platzes oder die Parkplatznot im Quartier geht. So ist das Verständnis von Bürgerbeteiligung, das in Kommunalverwaltungen und Ministerien vorherrscht. Leo Penta geht in seinem Buch vom Gegenteil aus, nämlich von der Macht der Basis: »Das Engagement in einer Bürgerplattform verleiht den Menschen jene Kompetenz, die sie anderen gesellschaftlichen Akteuren gleichstellt.« Effektive politische Meinungsbildung und öffentliche Teilhabe müssten kein Monopol von Parteien oder Experten sein. In Deutschland, schreibt Penta, bringe man dem einfachen Bürger noch viel zu wenig Vertrauen entgegen, Politiker misstrauten der Bevölkerung. Und die wiederum traue sich zu wenig zu. Beide Seiten müssten mehr riskieren, um zu einer Kultur der gegenseitigen Anerkennung zu finden – besonders in Stadtteilen brauche man mehr politische Mitgestaltungsmöglichkeiten.

Kann man den Bürgern wirklich zutrauen, über Stadtplanungsfragen selbst zu entscheiden? Gibt es da nicht eine Grenze? Ein Flughafen etwa wird immer eine Gruppe von Anwohnern stören – ließe man die betroffenen Bürger selbst darüber entscheiden, über wessen Köpfe die meisten Flugzeuge donnern, wäre der Aushandlungsprozess wohl unendlich. Und was, wenn ein Thema wie eine Parkumgestaltung nur die wenigsten interessiert? Dann sind es wieder doch nur ein paar wenige, die sich an der Entscheidungsfindung beteiligen. Und wenn das dann mehrheitlich Rentner sind, die es ruhig mögen, wird es am Ende zwar viele Sitzbänke und lauschiges Grün geben – aber keinen Bolzplatz und keine Hundewiese, obwohl es im Kiez viele Jugendliche und Hundebesitzer gibt. Ist die Vorstellung, gesellschaftliche Machtverhältnisse ließen sich durch die richtige Methode einfach zum Verschwinden bringen, nicht blauäugig?

»Community Organizing kann Ungleichheit tatsächlich aufheben. Aber die Methode funktioniert am besten in urbanen Räumen, wo die Probleme schon länger groß sind«, räumt auch die Weddingerin Dagmar Schmidt ein. Erst wenn sämtliche herkömmlichen Problemlösungsmechanismen versagt hätten, seien die Menschen bereit, sich über soziale und religiöse Grenzen hinweg zusammenzusetzen. »Es muss Ärger da sein, um eine Bürgerplattform aufbauen zu können«, bestätigt Karin Sander vom DICO. »Außerdem eine große gesellschaftliche Vielfalt. Und eine relevante Anzahl an Gruppen – damit man auch Gehör findet.«

Diese Voraussetzungen seien nicht überall zu finden – schwierig sei es in ländlichen Regionen mit überwiegend deutscher Bevölkerung. Oder in Städten, wo sich zu wenige Geldgeber finden. In Wuppertal etwa musste man den Aufbau einer Plattform stoppen, denn ohne unabhängiges Geld geht es nicht. Und ohne einen hauptamtlichen Organizer auch nicht, wie Sander betont. »Der professionelle Netzwerkaufbau der ersten drei Jahre muss gesichert sein, sonst funktioniert es nicht – das haben Erfahrungen von Chicago bis Hamburg gezeigt.« In Hamburg kam es kürzlich zum Bruch zwischen einer bereits gegründeten Bürgerplattform und dem DICO. »Zu wenig Vielfalt«, sagt die Organizerin knapp, man gründe jetzt zusammen mit Migrantenorganisationen eine neue Plattform.

Dass die deutschen Plattformen langfristig auch ohne das DICO und die relativ strengen Vorgaben nach angloamerikanischem Muster funktionieren werden, glaubt Sander nicht. »Wir haben einen Erfahrungsschatz von fast hundert Jahren und ein weltweites Netzwerk – das ist unsere Stärke. Auf eigene Faust werden eigene Initiativen nicht überleben.« Dem abtrünnigen Hamburger Netzwerk gibt sie denn auch wenig Überlebenschancen. Aktuell entsteht gerade eine neue Plattform in Köln, die dreijährige Aufbauzeit sei fast geschafft. Die Bürgerplattform »Wir in Neukölln WIN« hat auch den Gründungsakt schon hinter sich. Mit einer Aktion werde das neue Netzwerk bald an die Öffentlichkeit gehen, sagt Sander. »Wenn Sie verstehen wollen, wie Community Organizing funktioniert, dann lassen Sie sich das nicht entgehen.«

An einem Dienstagabend betrete ich das Hotel Mercure an der Hermannstraße. Das Hotel wirkt inmitten der Billigläden, Spielcasinos, Dönerbuden und Eckkneipen wie ein Fremdkörper. Auch viele der Menschen, die massenhaft in den Tagungssaal strömen, bewegen sich etwas ungelenk in der Business-Umgebung. Um Punkt sieben Uhr sitzen 390 Teilnehmer im Saal, und ich wünschte, ich hätte eine Kamera dabei, um das Bild festzuhalten: langhaarige Rocker neben afrikanischen Frauen in Festtagstracht, eine tamilische Familie neben einer Gruppe Araberinnen, dazwischen Teenager, Seniorinnen mit Rollator und ein kompletter Kirchenchor. Eine junge Frau mit Kopftuch von einem Moscheeverein und ein Theologiestudent erklären, was eine Bürgerplattform ist. Dann treten vier junge Tänzerinnen von der Tamil Mission Church auf die Bühne. Der Tanz, den die in Weiß gekleideten Mädchen zu pakistanischer Playback-Musik darbieten, trägt den Titel: »Wir haben keine Angst, denn wir sind Kinder Gottes«.

Danach erscheinen Vertreter aller Mitgliedsgruppen und erklären in knappen Worten, wer sie sind und warum sie sich in der Bürgerplattform engagieren. Die Choreographie ist straff, die Moderatoren passen auf, dass niemand die Redezeit überschreitet – besonders Vertreter deutscher Kirchengemeinden und Sozialvereine neigen zu langen Ausführungen. Dann wird eine große Pappkarte in die Luft gehalten: bei Gelb darf noch der Satz vollendet werden, bei Rot ist Schluss. Auch der »Vater« des Community Organizing Leo Penta und seine DICO-Kollegin Karin Sander halten sich an die Regeln, sie werben für das kostenlose »Leadership Training«, das das DICO für Gruppenmitglieder mit Führungsqualitäten anbietet, und überreichen den Teilnehmern des letzten Kurses Zertifikate.

Die wiederholt vorgetragenen »Wir schaffen das!«-Ermutigungsfloskeln und die zur Schau gestellte Harmonie gehen mir langsam auf die Nerven. Da betreten drei junge Afrikanerinnen und zwei Männer die Bühne. Nacheinander erzählen sie in teilweise gebrochenem Deutsch von ihrem Wunsch nach einer Arbeit. Es ist still im Saal, als eine gelernte Schneiderin aus Ruanda von ihren Versuchen berichtet, eine Lehrstelle zu bekommen. Egal was, Hauptsache Arbeit. Das Jobcenter aber sage, ihre Kinder seien noch zu klein. »Meine Gemeinde unterstützt mich, ich schaffe das – ich will doch meinen Kindern ein Vorbild sein und eigenes Geld verdienen«, ruft die Alleinerziehende. Diesmal klingt der Satz »Ich schaffe das« nicht nach einer Phrase. Die fünf, die teilweise schon über dreißig sind, erzählen von ungesichertem Aufenthaltsstatus, mangelnden Deutschkenntnissen, Kindern und abwesenden Partnern. Lauter Hindernissen auf dem Arbeitsmarkt also. Aber auch von Motivation, Ehrgeiz, Durchhaltewillen.

Das »Aktionsteam Bildung«, das hinter der Aktion steckt, bittet nun zwei Vertreter von Industrie- und Handelskammer und mehrere Entscheidungsträger aus Jobcenter und Bundesanstalt für Arbeit auf die Bühne. Die Herren bekommen Schilder mit ihrer jeweiligen Firmenzugehörigkeit in die Hand und müssen vor vierhundert Leuten erklären, was sie tun werden, um diesen fünf hochmotivierten Kandidaten zu Ausbildungsplätzen zu verhelfen. Der Vertreter der Handwerkskammer bietet Einzelgespräche, das Jobcenter räumt vergangene Fehler ein und verspricht, man werde für jeden eine Lösung finden. Die Moderatorin nickt befriedigt und befiehlt: »Jetzt ein Foto zur Erinnerung, die Herren!«

Etwas überrumpelt sehen sie aus, die vier Entscheidungsträger aus Wirtschaft und Verwaltung, wie sie da verewigt werden, vor sich eine Tafel mit der weithin lesbaren Forderung »1.8.2013 oder 1.9.2013 Beginn Ausbildung«. Als donnernder Applaus einsetzt für die Retter der jungen Menschen, sind Ausflüchte nicht mehr möglich. »Na, jeht doch«, ruft eine Sängerin des Kirchenchors St. Christophorus in den Saal. Genauso verfährt das »Aktionsteam Ärzteansiedlung« später mit dem Geschäftsführer eines Ärztehauses, einer Psychotherapeutin und einem Urologen. Durch sanfte Erpressung wird Neukölln bald ein paar mehr Ausbildungsplätze und Ärzte haben. Als der Kirchenchor einen englischen Lobgesang anstimmt, denke ich: Von diesen Plattformen wird man bestimmt noch einiges hören.

Manches an dieser aus den USA importierten Idee erscheint fremd: Die starke Ausrichtung an religiösen Gruppen, der fast schon zwanghafte Optimismus. Doch die Methode funktioniert. Community Organizing zeigt, was wir von den vielzitierten »amerikanischen Verhältnissen« lernen können: Eine neue Form des Dialogs, die absolut jeden mitnimmt – unabhängig von Herkunft oder Bildungsgrad. Und eine von öffentlichen Geldern und Strukturen unabhängige Organisationsform, die es Bürgern ermöglicht, selbstbewusst scheinbar Unmögliches zu fordern. Ein solch egalitärer und pragmatischer Ansatz hat der deutschen Zivilgesellschaft bislang gefehlt.

»Mit Protest die Gesellschaft verändern«: die Bewegungsstifter

Am Stand der »Stiftung Deutscher Polleninformationsdienst« ist ein riesiges Pollenmodell aufgebaut. Zusammen mit anderen Besuchern beuge ich mich über das Mikroskop, um in Nahaufnahme anzusehen, was mir jedes Frühjahr die Augen verklebt. Die Wissenschaftler, die seit 1983 für die Allgemeinheit Pollenflugdaten erheben und Flugbewegungen vorhersagen, gehören zu den mehr als 700 Stiftungen, die in Berlin ansässig sind. Siebzig von ihnen präsentieren sich beim Berliner Stiftungstag im Roten Rathaus. Die höchst unterschiedlichen Teilnehmer zeigen die ganze Vielfalt der Stiftungslandschaft: von der kleinen »Stiftung Preußische Seehandlung«, die auf eine Gründung Friedrichs des Großen zurückgeht und Literatur und Wissenschaft fördert, bis zur finanzstarken BMW Stiftung Herbert Quandt, die Führungspersönlichkeiten an gemeinnütziges Denken heranführen will. Von der ehrwürdigen Koepjohann'schen Stiftung, die sich im Geiste des gründenden Berliner Schiffbauers um bedürftige Frauen und Alte im Bezirk Mitte kümmert, bis zum Internet-Hilfsportal der »Stiftung Gute Tat«.

Der Bundesverband Deutscher Stiftungen, der auch mit einem Stand vor Ort ist, spricht von einem wahren Stiftungsboom: Knapp 19 000 Stiftungen gibt es in Deutschland. Sechzig Prozent von ihnen wurden in den letzten zwanzig Jahren gegründet. Ihre Zwecke sind ebenso vielfältig wie ihre Rechts- und Organisationsformen, denn der Begriff der Stiftung ist nicht gesetzlich definiert. Es gibt Stiftungsvereine, Kirchenstiftungen, Staats-, Unternehmens- und Privatstiftungen. Grundsätzlich dienen Stiftungen der Verwirklichung eines auf Dauer angelegten Zwecks. Welche Zwecke die Stiftung verfolgt und wie ihre innere Organisation aussieht, legt der Stifter in der Satzung fest. Nur etwa zehn Prozent dienen der Förderung eines kleinen, abgeschlossenen Personenkreises, etwa einer Familie. Rund neunzig Prozent der deutschen Stiftungen aber sind gemeinnützig. Etwa dreißig Prozent davon sind im Sozialbereich tätig. Weitere Zwecke sind Bildung und Erziehung sowie Kunst und Kultur mit jeweils fünfzehn Prozent, Wissenschaft und Forschung (zwölf Prozent) und Umweltschutz (vier Prozent).

Den ersten Stiftungsboom erlebte Deutschland vor gut hundert Jahren. Im aufstrebenden Bürgertum der Kaiserzeit gehörte es zum guten Ton, sein Geld zum Wohle der Armen, für die Kultur oder für die Verbesserung der Lebensverhältnisse der Arbeiterklasse einzusetzen. In dieser Goldenen Ära des Stiftens entstanden zum Beispiel die Arbeiterpensionskassen als Vorläufer der Raiffeisenbanken oder das Gewandhausorchester in Leipzig. Da viele bedeutende Mäzenaten aber Juden waren, versetzte das Nazi-Regime dem deutschen Stiftungswesen einen herben Schlag: Nach dem Zweiten Weltkrieg gab es nur noch rund fünftausend Stiftungen. Seit ein paar Jahren ist Stiften wieder in Mode.

»Ein Mann, der reich stirbt, stirbt entehrt.« Gemäß dem Motto des amerikanischen Stahl-Magnaten Andrew Carnegie (1835–1919) sind es vor allem die Wohlhabenden und die Reichen, die Teile ihres Vermögens der Allgemeinheit zukommen lassen. Der SAP-Gründer Hasso Plattner etwa finanziert ein nach ihm benanntes Hochschulinstitut in Potsdam und eine Stiftung. 2012 trat der mehrfache Milliardär als erster Deutscher der amerikanischen Initiative »The Giving Pledge« bei. Diese Initiative, im August 2010 von Bill Gates und Warren Buffett ins Leben gerufen, sammelt von mehr als 105 Superreichen aus aller Welt das Versprechen, mindestens die Hälfte ihres Vermögens für philantropische Zwecke einzusetzen. Allerdings bleibt es den Stiftern überlassen, ob sie den Einsatz erst nach ihrem Tod oder schon zu Lebzeiten leisten.

Gemeinnützige Stiftungen sind von den meisten Steuern befreit, bis zu einem Drittel des Vermögens darf für den »angemessenen« Unterhalt des Stifters und seiner engen Angehörigen verwendet werden. Der Rest darf allerdings nur für den gemeinnützigen Zweck ausgegeben werden. Der immer wieder geäußerte Vorwurf gegen Stiftungen, sie seien ein »Steuersparmodell« für Reiche, trifft also nur teilweise zu. Das Geld, von dem sich die Stifter trennen, kommt der Gesellschaft zugute. Allerdings erst zu einem späteren Zeitpunkt – Stiftungskapital ist in den meisten Fällen dauerhaft angelegt, sogenannte Verbrauchsstiftungen, die das Kapital nach und nach verzehren, sind selten. Insgesamt verfügen Stiftungen in Deutschland über 100 Milliarden Euro Kapital – damit lässt sich viel bewegen. Doch anders als bei Steuergeldern entscheidet nicht der Staat über die Verwendung des Geldes. Die Stiftungen entscheiden selbst, wie und wo sie ihr Geld einsetzen.

Im Gegensatz zu Vereinen oder Bürgerstiftungen kommt das Kapital nicht von vielen, sondern von einem oder wenigen vermögenden Einzelstiftern. Allein der »Stifterwille« befindet über die Verwendung des Geldes. Der Stifter thront über allem, die Gremien arbeiten ihm zu. Diese starke Abhängigkeit von einzelnen Unternehmen oder wohlhabenden Persönlichkeiten stammt noch aus vordemokratischen Zeiten. Sie ist auch der Grund, weswegen Stiftungen selbst im 21. Jahrhundert ein Hauch von Philantropie umweht. Zwei Drittel aller Stifter sind Akademiker, 44 Prozent von ihnen Unternehmer. Es ist also der Stifterwille einer gesellschaftlichen Elite, der Gutes für den Rest der Gesellschaft im Sinn hat.

Forscher haben herausgefunden, dass auch innerhalb der Stiftungen nicht gerade Vielfalt herrscht: Die typische Führungskraft in Stiftungen ist männlich, wohlhabend und älteren Jahrgangs. Die Berliner Sozialwissenschaftlerin Berit Sandberg spricht von undemokratischen Entscheidungsstrukturen. Gremien setzten sich nach dem Motto »Gleich und Gleich gesellt sich gern« zusammen, die bessergestellten Entscheider seien weit weg von den gesellschaftlichen Problemlagen, die Stiftungen lösen wollten. Darum gibt es Beobachter des Ehrenamtssektors, die mit Sorge auf den wachsenden Einfluss von Stiftungen schauen.

Sind Wohltäter mit dickem Geldbeutel eine Gefahr für die Demokratie? Droht eine »feudale Entwicklung«, wie eine Vertreterin der Linkspartei bei der Verabschiedung eines neuen Ehrenamtsgesetzes wetterte? Nicht nur Anhänger der Linken fragen sich angesichts der in Stiftungen »geparkten« Geldsummen, ob man das Geld der Gutverdienenden nicht lieber durch eine Vermögensabgabe unter die Leute bringen sollte, statt auf freiwillige Wohltätigkeit zu warten.

Der Bundesverband Deutscher Stiftungen, der seit 1948 die Interessen deutscher Stiftungen vertritt, kennt diese Vorbehalte. Der größte Dachverband Europas hält seine Mitglieder daher unermüdlich zu mehr Transparenz an. Er organisiert Stiftungstage, auf denen seine Mitglieder ihre Arbeit einem breiten Publikum erklären, gibt Informationsbroschüren heraus und unterstützt Vorstöße wie die »Initiative Transparente Zivilgesellschaft«, bei der sich gemeinnützige Organisationen freiwillig dazu verpflichten, die Öffentlichkeit über ihre Arbeit zu informieren. Wenn Stiftungen ihre Privilegien für die Öffentlichkeit zugänglich machen, das in ihnen geballte Expertenwissen teilen und sich als Themen-Scouts und professionelle Moderatoren begreifen, können sie für die Demokratie von Nutzen sein, so die Position des Verbands.

Nicht alle Stiftungen sind freilich reich. Immerhin 75 Prozent von ihnen verfügen über ein Vermögen von weniger als einer Million Euro. Und nicht alle von ihnen erschöpfen sich in Wohltätigkeit. Im 2009 gegründeten »Netzwerk Wandelstiften« haben sich 18 Stiftungen zusammengeschlossen, die den Anspruch haben, mit ihrer Arbeit nicht nur Gutes zu tun, sondern die Verhältnisse zu verändern. Die Mitglieder, unter ihnen »terre des hommes«, »medico international« und die Stiftung »Umverteilen!« setzen sich für Geschlechtergerechtigkeit, Menschen- und Bürgerrechte, Frieden und Ökologie ein. Unter dem Motto »change statt charity« wollen sie vereint Strukturen für eine gerechtere Gesellschaft schaffen. Über die Mittelverwendung entscheiden nicht allein die Stifter, sondern auch Fachleute und Betroffene. Im »Netzwerk Wandelstiften« arbeiten »konfessionelle Stiftungen gemeinsam mit Agnostikern, Linke mit Millionären, Feministinnen mit Schwulen«, so die Selbstdarstellung des Bündnisses. Feudal klingt das nicht – ganz im Gegenteil: Wer dort stiften will, muss sich zu transparenter Arbeit und ethisch-fairer Geldanlage verpflichten. Und damit leben, dass andere über das eigene Geld mitentscheiden.

Eine dieser progressiven Stiftungen im Netzwerk ist die Bewegungsstiftung im niedersächsischen Verden. Auf repräsentative Räumlichkeiten legt man hier nicht viel Wert, wohl aber auf eine gute Vernetzung mit Gleichgesinnten. Auf dem zum Öko-Zentrum umgebauten Kasernengelände am Stadtrand befinden sich auch die Büros eines Umwelt-Beratungsinstituts und einer Genossenschaft für Wohnprojekte und das Büro der Kampagnen-Plattform »Campact!«. Wiebke Johanning und Matthias Fiedler sehen auch nicht gerade aus, wie man sich durchschnittliche Stiftungsmitarbeiter vorstellt: Die Pressefrau trägt eine Fleecejacke, der Geschäftsführer Kapuzenpulli, man ist schnell beim Du.

Die Bewegungsstiftung lebt für den und vom Protest. Die Ursprungsidee stammt wieder einmal aus den USA. Der Mitgründer Felix Kolb, der 2002 gerade Attac Deutschland mitgegründet hatte, lernte auf einer Reise den »Hay Market Peoples' Fund« in Boston kennen. So eine Stiftung, die bewusst Grassroot-Bewegungen fördert, gab es bis dahin in Deutschland nicht. Protestbewegungen wie die Anti-Atom-Szene im Wendland oder die Globalisierungskritiker, die Proteste gegen die G-8-Wirtschaftsgipfel organisierten, hatten es hierzulande stets schwer, an Geld für ihre Aktionen zu kommen. »Stiftungen hielten politisches Engagement für brisant und förderten es nicht«, erklärt Geschäftsführer Fiedler. »Mit der Gründung der Bewegungsstiftung 2002 wurde diese Lücke geschlossen.«

Über eine Anzeige in der linksalternativen »tageszeitung« fand Felix Kolb schnell Gleichgesinnte – Aktivisten wie er, die etwas Vermögen geerbt hatten und es für ihre Herzenssache einsetzen wollten: soziale und politische Bewegungen. Für eine Stiftung entschieden sich die zehn vermögenden Linken, weil sie die nachhaltigste Form der Geldanlage ist. Das Geld geht nicht verloren. Außerdem wollte man bewusst den soliden Ruf nutzen, den Stiftungen beim vermögenden Bürgertum genießen.

Wie die Deutschlandkarte beweist, die im Büro an der Wand hängt, ist die Strategie erfolgreich. »130 Stifter aus dem ganzen Bundesgebiet unterstützen uns – es sind Menschen von 20 bis 70 Jahren, die uns mit Zeit und Geld unterstützen«, sagt Pressesprecherin Johanning. Ab 5000 Euro dürfe man sich zu den Stiftern zählen, aber auch einmalige Zahlungen oder die ehrenamtliche Mitarbeit bei Projekten seien möglich. »Im Gegensatz zu anderen Stiftungen sind bei uns auch Arbeiter, Angestellte und Studenten aktiv«, betont Johanning.

Auch inhaltlich arbeitet die Bewegungsstiftung anders als konventionelle Stiftungen. Auf einen bestimmten Zweck wollen sich die Verdener nicht beschränken. »Wir fördern nicht Themen, sondern einen Weg«, erklärt Geschäftsführer Fiedler. »Nämlich den, über öffentlichen Protest und politische Kampagnen gesellschaftliche Veränderungen anzustoßen.« Die Bandbreite der geförderten Projekte ist dementsprechend groß: Sie reicht von der feministischen Ein-Frau-Kampagne »pink stinks« aus Hamburg über die Rekommunalisierungsinitiative »Berliner Energietisch« bis zur Anti-Korruptions-Organisation »Lobby Control«.

Die Bewegungsstiftung unterstützt zielgerichtete politische Aktionen mit einer Kampagnenförderung von 5000 bis 15 000 Euro. Wer bereits eine Kampagnenförderung bekommen hat, kann danach in den Genuss einer drei- bis fünfjährigen Basisförderung kommen. Bis zu 100 000 Euro werden dabei vergeben, zusätzlich zur finanziellen Unterstützung bietet die Bewegungsstiftung eine professionelle Projektbegleitung durch eine von zwei festangestellten Campaigning-Fachkräften an. Dieser Professionalisierungsschub kam zum Beispiel der Online-Protestplattform »Campact!« zugute, die jetzt Nachbar der Stiftung im Öko-Zentrum ist und mittlerweile über mehr Kapital verfügt als die einstigen Mentoren: Die Internetplattform, auf der man per Mausklick Petitionen gegen Wasserprivatisierung oder für bezahlbares Wohnen unterschreiben kann, sammelte 2011 allein zwei Millionen Euro an Spenden und Beiträgen. Solche Erfolge sind es, die Fiedler und Johanning am meisten freuen. Dass die Nichtregierungsorganisation »Lobby Control« durch die

Basisförderung ein eigenes Büro in Köln aufbauen konnte und nun bundesweit bekannt ist, macht die Bewegungsstifter stolz.

Darüber, wer mit wie viel Geld gefördert wird, entscheiden aber nicht nur ein paar wenige Gremienmitglieder. »95 Prozent der Stiftungen haben ein Demokratiedefizit«, sagt Fiedler. »Wir gehören zu den fünf Prozent, die es anders machen. Wir sind eine Mitmachstiftung, die trotzdem handlungsfähig bleibt.«

Wie viel Wert man auf Mitbestimmung legt, zeigt das aufwändige Prozedere für Förderanträge. Zwei Mal im Jahr können sich Projekte bei der Stiftung bewerben. Im ersten Durchgang sichten drei Stifter die Anträge und bewerten nach formalen Kriterien. Anschließend tritt die »Arbeitsgemeinschaft Antragsbewertung« zusammen und bewertet die Projekte inhaltlich. Dass dabei auch Vertreter von geförderten Projekten über etwaige Konkurrenten mitentscheiden, soll durch umfangreiche Befangenheitsregelungen entschärft werden. Das Votum der Arbeitsgemeinschaft wird im Beirat weiter diskutiert, das Ergebnis fließt in die Sitzung des endgültig entscheidenden Stiftungsrats ein. In diesem sitzen nicht nur Stifter, sondern auch Bewegungsexperten von außerhalb: Journalisten, Wissenschaftler, Praktiker. Etwa fünf Wochen dauert die Entscheidung, was angesichts der komplizierten Vorgehensweise ziemlich schnell ist.

Eine knackige Protestidee allein reicht allerdings noch nicht, um die Verdener Bewegungsstifter zu überzeugen. Wer gefördert werden will, muss größere Visionen im Kopf haben, die über kurzfristige Empörung hinaus gehen. Ein gewisses Maß an Professionalität gehört dazu, Projekt-

und Finanzierungspläne müssen den Anträgen beiliegen. Widerspricht das nicht dem Graswurzelgedanken? Gerade kleine Initiativen leben doch vom Enthusiasmus ihrer Mitglieder und nicht von Konzepten und Öffentlichkeitsarbeit, oder? »Unseren Stiftern ist es besonders wichtig, dass weiterhin auch die Kleinen eine Chance haben«, betont Fiedler. Wenn das Konzept überzeugend sei, schaue man auch gern über manche formalen Kriterien hinweg. Und stehe den Initiativen beratend zur Seite. Zum Beispiel den Hamburger Aktivisten von »Gegenstrom 13«. Die planen zum Geburtstag des Hamburger Hafens eine Elbblockade. Um gegen die Inbetriebname des Kohlekraftwerks Moorburg zu protestieren, das mit Kohle aus Kolumbien arbeiten soll. Die Bewegungsstiftung fördert diese Aktion mit 10 000 Euro – und ihrem Know-how über professionelle Kampagnenarbeit. Auch das Roma-Center Göttingen unterstützten die Profis vor allem deshalb, weil sie vom Anliegen überzeugt waren: die Organisation will in Deutschland lebende Roma dabei unterstützen, selbst ihre Rechte zu vertreten – besonders Frauen. Die Profis finanzierten zunächst eine Bleiberechtskampagne. Weil sich die Arbeit des Roma Centers vielversprechend entwickelte, hilft man jetzt drei Jahre lang beim Organisationsaufbau, damit das Center weitere Regionalstandorte aufbauen und Kampagnen, Fundraising- und Pressestrategien entwickelt kann.

Alle sozialen Bewegungen stünden irgendwann vor dem Zwiespalt zwischen Authentizität und notwendiger Professionalisierung. »Soziale und Protestbewegungen brauchen immer beides, wenn sie erfolgreich sein wollen«, sagt Fiedler. Als Beispiel nennt er die Anti-Atom-Initiative »ausgestrahlt«. Um politisch gegen Kernkraft- und Kohle-Lobbyisten anzukämpfen, müsse man sehr professionell arbeiten. Genau so wichtig sei aber auch die Arbeit der vielen Aktiven vor Ort, die Plakate klebten, zu Kundgebungen mobilisierten und Unterschriftensammlung organisierten.

Die Bewegungsstiftung ist in der Protestszene zu einem beliebten Anlaufpunkt geworden: Rund siebzig Anträge auf Förderung gehen jedes Jahr ein, die Konferenzen und Fachtagungen sind gut besucht. Ebenso die Informationsveranstaltungen für potenzielle Stifter – durch das professionelle und gemäßigte Auftreten ist die Stiftung auch für Geldgeber außerhalb der Aktivistenszene attraktiv.

Über das Netzwerk Wandelstiften und den Bundesverband deutscher Stiftungen treten auch immer mehr konventionelle Stiftungen an die Verdener heran, um sich über Möglichkeiten nachhaltiger Geldanlage beraten zu lassen: Die Bewegungsstiftung leistet sich eine eigene Anlageberaterin, die das Stiftungskapital nach ethischen und ökologischen Kriterien verwaltet. Aktuell baut sie das Portfolio einer anderen Stiftung nach diesem Modell um. Über den Bundesverband gebe es seit einiger Zeit auch Anfragen zum Mitbestimmungsmodell – »da helfen wir doch immer gerne«, erklärt der Geschäftsführer. Bald wird er einen Vortrag über demokratische Entscheidungsstrukturen halten – in einer ganz gewöhnlichen Unternehmensstiftung.

Die Arbeit der Bewegungsstiftung zeigt, dass es auch unter Vermögenden einen Wunsch nach mehr sozialer Gerechtigkeit gibt. Aus dem Kreis der Stifter hat sich die Initiative »Vermögende für eine Vermögensabgabe« gegründet. Die Initiative fordert von der Politik, Reiche durch eine Vermögenssteuer stärker zu belasten. Die Erlöse sollen gezielt in den ökologischen Umbau der Wirtschaft, in Bildungs-, Gesundheits- und Sozialeinrichtungen und die Erhöhung von Hartz-IV-Sätzen sowie Bafög-Leistungen investiert werden. Mittlerweile haben sich neben den neun Initiatoren dreizehn weitere Personen mit jeweils mehr als 500 000 Euro Vermögen dem Appell angeschlossen.

Aber auch sonst tut sich was im Stiftungssektor. So geht man bei der Hamburger Körber-Stiftung neue Wege bei der Demokratieförderung. Die 1959 gegründete Stiftung, die den Namen des Hamburger Unternehmers Kurt A. Körber (1909–1992) trägt, gehört zu den konventionellen Stiftungen. Körber war ein Philantrop alter Schule. Seinem Willen folgend, ist die Stiftung mit Sitz in Hamburg und Berlin in den Feldern Völkerverständigung, Wissenschaft und Forschung, Bildung und Erziehung, Kultur und Fürsorge für Alte und Kranke aktiv. Im Vorstand sitzen drei Männer mittleren Alters, im Stiftungsrat Prominente wie die ehemalige Chefin der Stasiunterlagen-Behörde Marianne Birthler oder der ZDF-Mann Peter Frey. Das Kuratorium, das über die Verwendung von rund 515 Millionen Kapital entscheidet, besteht aus fünf Männern im besten Alter. So weit, so klassisch.

Was die Körber-Stiftung interessant macht, ist ihr Einsatz für die demokratische Bürgergesellschaft. Wenn man sich mit dem Thema bürgerschaftliches Engagement beschäftigt, kommt man an der Körber-Stiftung kaum vorbei: Viel Fachliteratur zum Thema ist in der hauseigenen

Edition erschienen, die Stiftung unterstützt Projekte zur Demokratieförderung, wie sie zum Beispiel die Bürgerstiftung Barnim-Uckermark betreibt. Und sie treibt die Erforschung und den Dialog über bürgerschaftliches Engagement voran. Das »Körber-Netzwerk Bürgergesellschaft« versammelt »Beweger« aus sämtlichen Bereichen, um sie zu einer selbstbewussten Interessenvertetung und Vernetzung zu ermutigen.

Stiftungen seien allein schon durch ihre Struktur nachhaltig, sagt Karin Haist, die in Hamburg für den Bereich Gesellschaft zuständig ist: Sie seien Ausdruck individueller Freiheit, unabhängig von Staat und Wirtschaft. Und hätten ihr Kapital auf ewig angelegt. Gute Voraussetzungen also, um eine neutrale Vermittlerrolle in der Gesellschaft einzunehmen und Impulse zu setzen. »Stiftungen sollten sich stärker auf die Moderation konzentrieren und weniger auf Förderung fremder Projekte«, sagt Haist. »Engagement braucht Professionalität und Netzwerke. Was es nicht braucht, sind noch mehr Fördertöpfe.« Bei der Körber-Stiftung beschloss man deshalb nach langer Diskussion, die hauseigene Förderpolitik zu überdenken. Die Körber-Stiftung fördert bürgerschaftliches Engagement jetzt nicht mehr projektweise, sondern und nachhaltig. So werden zum Beispiel die Initiative Bürgerstiftungen und das Community Organizing Institut DICO langfristig unterstützt. Die Stiftung gewährt den beiden Dachorganisationen damit eine Basisfinanzierung, hält sich aus der Umsetzung einzelner Vorhaben aber heraus. Mit dieser Arbeitsteilung, davon ist man in Hamburg überzeugt, hilft man der Bürgergesellschaft am wirksamsten.

Altersmanager und soziale Pilzzüchter: die Unternehmens-Bürger

Auch Loring Sittler träumt von einer Bürgergesellschaft, die mächtig genug ist, Wirtschaft und Politik unter Druck zu setzen. Damit es in unserem Land bald endlich mehr soziale Gerechtigkeit und einen besseren Klimaschutz gibt. Der 62-Jährige ist kein klassischer Bürgerbewegter, sondern Manager und CDU-Mitglied. Von den Protestbewegungen der letzten Jahre hält er nicht viel. Während sein Bruder, der Schauspieler Walter Sittler, in vorderster Reihe bei den Stuttgart-21-Gegnern mitmischte, hält Loring Sittler es nicht mit der »Weisheit der Vielen«. Sondern mit Kant, den er auswendig zitiert: »Aufklärung ist der Ausgang des Menschen aus seiner selbstverschuldeten Unmündigkeit. Unmündigkeit ist das Unvermögen, sich seines Verstandes ohne Leitung eines anderen zu bedienen. Selbstverschuldet ist diese Unmündigkeit, wenn die Ursache derselben nicht am Mangel des Verstandes, sondern der Entschließung und des Mutes liegt, sich seiner ohne Leitung eines anderen zu bedienen.«

Loring Sittler, der mich im Café Einstein Unter den Linden empfängt, hat klare Vorstellungen davon, wie man die Menschen aus der Unmündigkeit befreien könnte. Mehr demokratische Mitbestimmung brauchen wir in Deutschland nicht, erklärt er. Die vorhandenen Möglichkeiten seien völlig ausreichend, würden aber kaum genutzt: »Die Leute sind zu bequem, sich in politische Prozesse einzuschalten. Sie sind völlig auf sich und ihren Konsum fixiert. Politisch reagieren sie erst, wenn sich direkt vor ihrer Haustür ein Problem manifestiert.«

Man müsse die Leute wieder zu politisch denkenden Staatsbürgern machen, die sich aktiv an der Gestaltung des Gemeinwesens beteiligten, sagt Sittler. »Wir haben in unserem Grundgesetz bereits eine prima Leitlinie für Demokratieförderung, sie heißt Subsidiarität.« Von diesem Prinzip, dass Entscheidungen stets auf der unterstmöglichen Ebene getroffen werden, hätten wir uns mittlerweile weit entfernt. Schuld daran sei der dominante Wohlfahrtsstaat: »Die Leute haben verlernt, ihre Probleme selbst zu lösen – das werden sie bald aber wieder müssen. Denn weder der Staat noch die Wirtschaft können es richten.«

Loring Sittler kann es auch nicht richten – aber er kann überzeugen. Man hört ihm gerne zu, wenn er die Vision von einem Staat ausbreitet, der nur noch die Erfüllung der Grundbedürfnisse sichert. Und sich ansonsten als Moderator versteht: zwischen Wirtschaft und Zivilgesellschaft, die zusammen das Gemeinwesen tragen. In diesem Land, das Sittler vor meinen Augen am Cafétisch entstehen lässt, haben die Kommunen Geld. Bürger- und Unternehmensvertreter arbeiten zusammen mit Berufspolitikern an Lösungen für gesellschaftliche Probleme. Politiker moderieren den Dialog und unterstützen die Freiwilligen mit

Gratis-Fahrkarten oder Geld für ein Büro, engagierte Unternehmer spenden Know-how in Form von Pressearbeit oder Beratung.

Sittler, der zuvor unter anderem eine PR-Agentur, den Vertrieb eines Finanzdienstleisters und ein Studentenfortbildungswerk leitete, entwickelt seit 2008 hauptberuflich gesellschaftliche Visionen: Der Versicherungskonzern Generali AG mit Sitz in Köln heuerte ihn als »Reputationsmanager« an, um als Leiter des »Generali Zukunftsfonds« eine neue Strategie für die gemeinnützigen Aktivitäten des Unternehmens zu entwickeln. Sittler ergriff die Chance. Und machte den Zukunftsfonds zu einem gefragten Expertenpool zum Thema alternde Gesellschaft. Und zur Frage, wie bürgerschaftliches Engagement im Alter aussehen kann.

»Der demographische Wandel kommt: Im Jahr 2050 werden 100 Arbeitnehmern 78 Personen im Rentenalter gegenüberstehen«, sagt Sittler. »Für eine Versicherung liegt es nahe, in diesem Thema CSR-Aktivitäten zu entfalten. Es ist nah am ursprünglichen Geschäft und darum glaubwürdig.« CSR bedeutet Corporate Social Responsibility, zu Deutsch Unternehmensverantwortung. Wenn Unternehmen sich für das Gemeinwohl einsetzen, geschieht es meist mit dem Gedanken, als »corporate citizen« (etwa: Unternehmens-Bürger) einen freiwilligen Beitrag zum gesellschaftlichen Zusammenhalt zu leisten. Die Idee des corporate citizenship stammt aus den USA, knüpft aber nahtlos an das traditionsreiche Leitbild vom »ehrbaren Kaufmann« an. Dieser Geschäftsmann, der im mittelalterlichen Italien und dem norddeutschen Städtebund der Hanse zum Vorbild für Handelsleute wurde, unterschied sich von gewerbsmäßigen Räubern durch folgende Tugenden: Anstand, Ehrlichkeit, Verlässlichkeit und Verantwortlichkeit. Heute sagt man dazu »Nachhaltigkeit«. Wie eng Unternehmen diesen Begriff definieren, bleibt ihnen selbst überlassen. Deshalb reicht die Bandbreite an CSR-Aktivitäten vom tagtäglichen fairen Umgang mit Geschäftspartnern und Mitarbeitern bis zur jährlichen Spende an den Naturschutzverein.

Der Managementprofi Sittler wollte beim Thema CSR keine halben Sachen machen. »Deutsche Unternehmen könnten und müssten viel mehr tun für die Gesellschaft«, sagt er. »Leider erschöpfen sich viel zu viele in Wohltätigkeitsgesten oder fördern wild durcheinander einzelne Projekte. Es hilft aber niemandem, wenn sich der Vorstand in den Blaumann schmeißt, um einen Kindergarten zu streichen. Unternehmen sollten sich mit dem einsetzen, was sie können, mit ihrer beruflichen Kompetenz.« Sittler, der vom Vorstand der Generali 15 Millionen Euro für die ersten fünf Jahre bekam, tat also, was er am besten konnte: Er entwickelte eine Vision. Von einem Land, das die Überalterung der Gesellschaft als Chance begreift. Zum Beispiel für das bürgerschaftliche Engagement. Unsere Renten- und Krankenkassen werden bald zusammenbrechen. Der Staat kann nicht mehr für alles sorgen. Die Wirtschaft muss mithelfen – die Hauptverantwortung für Gesundheit oder Pflege wird aber künftig bei den Bürgern selbst liegen. Die haben zum Glück immer mehr Zeit fürs Ehrenamt und sind fitter, unabhängiger und gebildeter als je zuvor. Das ist, stark verkürzt, Sittlers Zukunftsszenario, das er in wohlbedachten Schritten für die Öffentlichkeit entwickelte.

Zunächst gab der Generali Zukunftsfonds 2009 eine Studie über gesellschaftliches Engagement in Deutschland heraus. Die zeigte im Detail, wer sich in welcher Region wofür einsetzte. Die erhobenen Daten zeigten, dass dreißig Prozent der Menschen bereit wären, sich freiwillig zu betätigen, wenn man ihnen einen Anreiz dazu gäbe. Viele dieser Vielleicht-Engagierten gehörten der »Generation 55 plus« an.

Der Studie ließen Sittler und sein Partner Roland Krüger das Buch »Wir brauchen Euch!« folgen, ein Aufruf an die Jungen Alten, sich für die Gemeinschaft einzusetzen. 2013 schließlich erschien die »Generali Altersstudie«. Darin wurden 4000 Personen zwischen 65 und 85 über ihre Lebensbedingungen und Wünsche befragt. Der Studie zufolge muss das negative Bild vom Altern revidiert werden. Deutschlands Alte, so die Befunde, fühlten sich durchweg jünger, seien gesund, sozial vernetzt und aktiv für Familie und Gesellschaft. Nur jeder Zweite genieße es, nicht mehr arbeiten zu müssen, die meisten sehnten sich nach einer sinnerfüllenden Tätigkeit, die auch ihrem ausgeprägten Pflichtgefühl entgegenkomme.

Jetzt müsse man »Engagementanreize« schaffen, um das noch unerschlossene Potenzial zu aktivieren, so der Vorschlag des Generali Zukunftsfonds. Kommt nach der Rente mit 67 bald die Ehrenamtspflicht für Rentner? Müssen Menschen nach ihrem Arbeitsleben jetzt dem bürgerschaftlichen Arbeitsmarkt zur Verfügung stehen? Eine neue Studie, die 2013 von der Körber-Stiftung in Auftrag gegeben wurde, zeigt, dass viele Deutsche Angst davor haben, auch im Alter noch in die Pflicht genommen zu werden. Es gebe, so warnt diese Studie, bei drei Viertel der Bevölkerung inneren Widerstand gegen das Leitbild vom aktiven Altern und die damit verknüpften Forderungen, sich fürs Gemeinwohl »einzubringen«. Engagement könne man von Senioren nur erwarten, wenn die Grundbedingungen stimmten, nämlich die Erfahrung von Solidarität, Teilhabe und Würde, so die Quintessenz der Studie.

Sittler kennt die Studie natürlich. »Empirisch äußerst dünn, nur 205 Befragte!«, winkt er ab. Trotzdem fühlt er sich missverstanden in seiner Mission. Nur weil er das Thema Engagement aus unternehmerischer Perspektive betrachte, wolle er noch lange niemanden ausbeuten. »Es geht mir darum, dass sich Leute möglichst lange selbst versorgen können – natürlich auch, weil das billiger kommt. Aber eben auch, weil es die Lebenszufriedenheit erhöht, wenn man selbstbestimmt leben kann. Wir als Unternehmen sind auf eine wohlhabende, funktionierende Gesellschaft angewiesen. Das ist auch der Staat. Zusammen müssen wir die drohende soziale Spaltung bekämpfen. Die Ideen dafür müssen künftig aus der Zivilgesellschaft selbst kommen – eine Politik von oben passt nicht mehr in unsere moderne Demokratie«, sagt Sittler.

Der Staat müsse Rahmenbedingungen für selbständiges Altern schaffen: Menschen sollten so lange arbeiten dürfen, wie sie sich das zutrauen, auch wenn die Gewerkschaften bremsen. 68 Prozent der Rentner leben derzeit im Eigenheim – »Warum gibt es keine Vorschriften und Anreize für altersgerechten Ausbau nach dem Vorbild der Energetischen Sanierung? Und warum unterstützt man nicht systematisch alle, die sich zu Seniorenwohngemeinschaften oder Genossenschaften zusammenschließen?«

Besonders ärgert Sittler die exklusive Förderung der Mehrgenerationenhäuser – diese bundesweit 450 altersübergreifenden Einrichtungen wurden unter Familienministerin von der Leyen entwickelt. Und werden jetzt als Modellprojekt mehrere Jahre gefördert. Eine gute Sache zwar, aber auch nur ein Teil von vielen ähnlichen Initiativen, die sich derzeit überall im Land entwickeln. Und keine Unterstützung bekommen. »Man muss gute Ideen fördern – nicht nur die eigenen. Das ist der Unterschied zwischen Symbolpolitik und echter Politik.«

Sittler nimmt Fahrt auf. Die Engagementpolitik der Regierung sei ziellos, wettert er. Die einzig erkennbare Strategie von Familienministerin Schröder bestehe darin, Unternehmen und Stiftungen zu mehr gesellschaftlichem Engagement zu ermuntern. Sie überschätze aber deren Kapitalkraft: »Selbst wenn man das Gesamtvermögen der Stiftungen und die gesamten CSR-Leistungen deutscher Unternehmer zusammenrechnet, macht das nur einen kleinen Teil des Staatshaushalts aus. Bürgerschaftliches Engagement, egal von wem, kann und soll nicht den Staat ersetzen«, sagt Sittler und klingt plötzlich wie ein Sozialdemokrat. »Besonders Unternehmen und Stiftungen müssen aufpassen, sich nicht in Dienst nehmen zu lassen.« Von der Bundesregierung erwartet der Mann, der sich als gesellschaftlicher »change manager« sieht, dass sie aufhört, ein, wie er sagt, »desolates Bündel an Einzelmaßnahmen als Engagement-Strategie zu verkaufen«. Entscheidend sei nicht die Höhe der Förderung, sondern die Qualität. Die aber lasse die Bundesregierung vermissen, sie sei ebenso orientierungslos wie beratungsresistent. Harte Worte von einem CDU-Mann.

Sittler fordert die Schaffung eines eigenen Ministeriums für Bürgerbeteiligung. Und eine bessere Unterstützung der Kommunen.

»Mein Traum wäre, dass es in jeder Stadt Lenkungsgruppen gibt, für demographischen Wandel und andere Problemfelder. Da säßen Politik, Verwaltung, Bürger, Unternehmen zusammen und arbeiteten unter ganz bestimmten Zielvorgaben. Basisfinanziert vom Bund, auf längere Zeit. Verbindliche Ziele sind immer wichtig, damit sich keiner aus der Verantwortung stehlen kann – besonders Unternehmer neigen dazu, gesellschaftliche Verantwortung als Feel-good-Thema abzutun.«

Der Berufsvisionär Sittler bricht auf zu seinem nächsten Termin. Eigentlich lebt er in Köln, wenn er in Berlin ist, hat er einen dicht gedrängten Zeitplan. Im Gehen noch ruft er mir zu, dass der Vorstand kürzlich sein Budget gekürzt habe. Einfach so. Der Generali Zukunftsfonds wird künftig mit weniger Geld das Potenzial der alternden Gesellschaft erkunden müssen. »Sie sehen also«, sagt Sittler leicht süffisant: »Engagementförderung hängt oft von der Willkür Einzelner ab – gerade in Unternehmen.«

Auf dieses bürgerschaftliche Engagement von Unternehmen will die Bundesregierung vermehrt bauen. Der Erste Engagementbericht der Bundesregierung, der 2012 veröffentlicht wurde und den Untertitel »Für eine Kultur der Mitverantwortung« trägt, legt den Schwerpunkt auf Unternehmensverantwortung. Warum, begründen die Verfasser unverblümt damit, »dass der Staat in manchen Bereichen überfordert und seine Leistungsgrenze teilweise erreicht ist«.

Da ist es sicher eine gute Nachricht, dass deutsche Unternehmen mindestens 11,2 Milliarden Euro jährlich ins Gemeinwohl investieren, durch finanzielle Zuwendungen, Sachspenden, Überlassung von Infrastruktur und Freistellung von Mitarbeitern für ehrenamtliche Tätigkeiten. Allerdings besagt die Studie auch, dass sich bereits 96 Prozent der Großunternehmen mit mehr als 500 Mitarbeitern engagieren. Viel unausgeschöpftes Engagementpotenzial scheint es bei den Unternehmen nicht mehr zu geben. Bleibt nur, die bereits Tätigen dazu aufzufordern, ihr Engagement aufzustocken. Da allerdings gibt es noch viel Luft nach oben, wie die Zahlen zeigen: Nur 44,4 Prozent der Unternehmen investieren mehr als 0,3 Prozent des Jahresumsatzes für gemeinnützige Zwecke.

Als Nachhaltigkeit gelten übrigens auch familienfreundliche Arbeitszeiten, die Beschäftigung von Behinderten oder der Einbau von wassersparenden Klosetts auf dem Firmengelände. Nach dem Umweltgipfel in Rio de Janeiro 1992 entwickelten Ökonomen und Umweltschützer ein »Drei-Säulen-Modell« der Nachhaltigkeit, das 1997 im Amsterdamer Vertrag auch für die Europäische Union festgeschrieben wurde. Danach umfasst Nachhaltigkeit die drei Bereiche Ökonomie, Ökologie und Soziales. Doch nur wenige Unternehmen verfolgen eine vorbildliche Gesamtstrategie, die alle drei Bereiche umfasst. Der Engagementbericht zeigt, dass es vor allem große Unternehmen sind, die sich eigene Mitarbeiter und eine eigene Abteilung für »Unternehmensverantwortung« leisten.

Wobei das auch bedeuten kann, dass der Verantwortungsbereich vor allem als Marketinginstrument genutzt wird. Oder dazu dient, von unternehmerischem Fehlverhalten abzulenken. Der Ölkonzern Shell beispielsweise steckt viel Geld in die Erforschung des Klimawandels, in Umweltschutzmaßnahmen und Menschenrechtsprojekte an Produktionsstandorten. Gleichzeitig klagten vier nigerianische Bauern in Den Haag auf Schadenersatz, weil Shell ihre Dörfer und Äcker mit Öl verpestete. Die Entschädigung trägt nun der nigerianische Tochterkonzern – aber erst nach einem Richterspruch mit viel internationaler Aufmerksamkeit und unter öffentlichem Druck der Umweltorganisation Greenpeace. Die groß beworbene »Nachhaltigkeitspolitik« von Shell ist wohl eher das, was Fachleute »Krisen-PR« oder »reaktive CSR-Maßnahmen« nennen. Greenpeace hat ein anderes Wort dafür: »greenwashing«. So bezeichnet man die Versuche von Unternehmen, sich durch geschickte Öffentlichkeitsarbeit eine grüne beziehungsweise weiße Weste zu verpassen.

Die Linie zwischen »Greenwashing« und glaubwürdigem Unternehmensengagement ist nicht einfach zu ziehen. Wenn etwa Mc Donald's in Deutschland Leseförderung betreibt, indem es vier Millionen »Happy Meals« für Kinder ein Buch statt eines Plastikspielzeugs beilegt: Nutzt das Unternehmen dann bewusst seine Beliebtheit gerade bei den Unterschichten, um den Kindern das Lesen nahezulegen, die es auch wirklich brauchen? Oder ist die einmonatige Aktion nur ein PR-Gag, mit dem das Unternehmen davon ablenken will, dass es für die Verfettung von Kindern und Jugendlichen durch Fast Food verantwortlich ist?

Was ist Imagepolitur und was bringt echten Mehrwert für die Gesellschaft? Die von der Bundesregierung beauftragten Wissenschaftler haben darauf auch keine eindeutige Antwort. »Es ist einsichtig«, heißt es im Engagementbericht, »dass Unternehmen durchgehend bestrebt sein werden, ihre Tätigkeiten als positiven externen Effekt erscheinen zu lassen. Nicht jedes Engagement kann deshalb mit dem Attribut bürgerschaftlich behaftet werden, denn nicht immer ist die Wirkungsrichtung für die Gesellschaft positiv.« Im Bericht findet sich eine Tabelle mit Kriterien, die helfen sollen, »echtes« von »falschem« bürgerschaftlichen Engagement zu trennen. Allerdings sind es die befragten Unternehmer selbst, die in dieser Tabelle einschätzen, ob ihr Engagement zum Beispiel eher der »Erhöhung der Attraktivität des Unternehmens-/Betriebsstandorts«, der »Stärkung des Vertrauens der Gesellschaft in die Marktwirtschaft« dient oder »Teil der gelebten Unternehmenskultur« ist. Da aber niemand von sich selbst behaupten würde, Greenwashing zu betreiben, helfen solche Selbsteinschätzungen nicht gerade, echtes von falschem Unternehmensengagement zu unterscheiden.

Es gibt jedoch auch Unternehmer, die sich freiwillig dafür entscheiden, nicht nur ein »ehrbarer Kaufmann«, sondern sogar ein engagierter Unternehmens-Bürger zu sein. Solche Unternehmen, die ihren Gewinn ganz bewusst zum Wohle der Gemeinschaft einsetzen, nennt man »social entrepreneurs«, zu Deutsch etwa Sozialunternehmer. Bei diesen Unternehmen findet man tatsächlich das, was sich heutzutage jedes Kaufhaus als Werbefloskel auf die Website schreibt: eine Vision.

Die Vision, die mir Hannes Dettmann zeigt, muffelt etwas. Durch die Kellerräume des Jungunternehmers zieht der Geruch nach abgestandenem Kaffee, Erde und irgendetwas Organischem. »Das hier ist unser wichtigster Rohstoff«, sagt Dettmann und zeigt auf die Kaffeesäcke, die sich in einer Ecke stapeln. Drei Mal die Woche sammeln Dettmann und seine Kollegen Kaffeeabfälle aus mehreren Starbucks-Filialen ein – ganz emissionsfrei per Fahrrad. Aus einer Kaffeerösterei holen sie Spelzen, das sind Fruchthülsen, die beim Röstprozess übrig bleiben. Dazu kommt etwas Kalk und etwas Pilzmyzel – fertig ist das Substrat, auf dem das Unternehmen »Chido's mushrooms« Speisepilze züchtet.

»Frischer Kaffee ist nährstoffreich und steril. Entsäuert man ihn mit Kalk, hat man einen idealen Nährboden für Pilze. Wir sparen uns den Kauf von Rohstoffen wie Stroh und dessen Sterilisierung und leisten dabei einen Beitrag zur Müllverwertung«, erläutert Dettmann, der mit Kord-Käppi und Sieben-Tage-Bart aussieht wie ein urbaner Landwirt. Eigentlich ist er Sinologie-Student, aber sein Interesse an Naturkreisläufen und globaler Gerechtigkeit brachte ihn in diesen Keller, wo zwei Mitarbeiter in einer Ecke des Raums Substrat in perforierte Tütchen füllen. Geschäftsführer ist eigentlich ein anderer: Philipp Buddemeier, auch er studierter Sinologe und ehemaliger McKinsey-Berater. Solange er im Ausland die Pilzzucht-Idee verbreitet, betreut Dettmann den Laden in Berlin.

Im Inkubationsraum nebenan hängen Hunderte Tütchen an Fäden von der Decke. Ein gespenstischer Anblick, den das rote Licht der Deckenlampe noch unterstreicht. Vier bis sechs Wochen dauert es, bis sich aus dem Myzel erst kleine weiße Knoten, dann größere Gewächse und schließlich fertige Speisepilze entwickeln. Drei Arten von Speisepilzen produziert das Kleinstunternehmen, das aus drei Festangestellten und einem Geschäftsführer besteht: Limonen-Seitlinge, Austernseitlinge und Rosa Seitlinge. Die fertigen Züchtungen hängen erntebereit im Fruchtraum: Dicke Trauben von quietschgelben, rosa und hellgrauen Pilzen, die, von den Tüten befreit, mit einem Messer abgeschnitten und erntefrisch an die Kunden geliefert werden. Zum Kundenkreis zählen Lebensmittelkooperationen, Hotels und Restaurants. Besonders Fünf-Sterne-Restaurants schätzten den exquisiten Geschmack und die Frische der Kaffee-Pilze, sagt Dettmann stolz. »Wir sind zwar etwas teurer als herkömmliche Großproduzenten – dafür landet der Pilz zwei Stunden nach der Ernte in der Restaurantküche. Und das schmeckt man eben.«

Noch werden im Schöneberger Keller nur 25 Kilo Pilze pro Woche produziert. Mit einem »Home-growing-Kit« für die Fensterbank will man interessierte Pilzfreunde zum Selbstzüchten anstiften. Doch die Vision der urbanen Züchter geht wesentlich weiter. »Chido's mushrooms« heißt die Firma deshalb, weil sie sich einer Idee der afrikanischen Jung-Unternehmerin Chido Govera bedient. Die Frau aus Simbabwe lernte als neunjähriges Waisenmädchen, wie man Pilze auf Kaffeeabfall züchtet, und entwickelte daraus eine Methode, sich und ihre Familie durchzubringen. Heute gibt Chido Govera Frauen in Indien, China und anderen Ländern Kurse in Pilzzucht. Und verhilft ihnen so zu Unabhängigkeit und einem nährstoffreichen Lebensmittel. Govera ist als Gesellschafterin an den Gewinnen von »Chido's mushrooms« beteiligt und kann damit Projekte zur Armutsbekämpfung finanzieren.

»Chido's mushrooms« ist Teil des Netzwerks der »Blue Economy«, eines Zusammenschlusses von Unternehmen, die beim Wirtschaften neue Wege gehen wollen. Ihr Vorbild ist ein Konzept des belgischen Unternehmers Gunter Pauli, der die umweltbewusste Green Economy weiterentwickeln will zu einer »blauen«, die nicht nur Himmel und Ozeane, sondern auch die menschliche Umwelt bewahren soll. Erklärtes Ziel der Blauen ist die Befriedigung der Grundbedürfnisse aller Menschen mit dem, was bereits vorhanden ist. Die verfügbaren Ressourcen sollen so genutzt werden, dass der Abfall eines Produkts zum Ausgangsmaterial für neuen Gewinn wird. Mit den entstehenden Arbeitsplätzen und dem erzielten Einkommen können sich Menschen ernähren und beruflich entwickeln, ohne dabei die gemeinsamen Lebensgrundlagen zu zerstören. Im Mittelpunkt dieses Nachhaltigkeitskonzepts steht das Ziel, die Wirtschaft umzukrempeln. Weg von »einer Wirtschaft, in der Gutes teuer und Schlechtes billig ist, hin zu einem System, in dem das Gute und Innovative erschwinglich ist«.

Die Gesellschaft verändern durch Pilze, warum nicht? Der Pilzzüchter Hannes Dettmann lacht. »Die Pilze sind erst der Anfang – wir wollen noch viel mehr bewegen!«, sagt er und zeigt mir eine Versuchsanordnung im Vorraum des Kellers. In einem Kompost lagern die Abfälle aus der Pilzzucht. Über das ausgelaugte Substrat machen sich Regenwürmer her. Die Würmer werden an Fische verfüttert, die in einem benachbarten Bottich schwimmen. Der Kot der Fische wiederum reichert, in Verbindung mit Pflanzen aus einem zweiten Bottich, das Wasser an, das durch einen Schlauch Kräuterbeete bewässert. So einen geschlossenen Kreislauf ohne Müll streben die Pilzzüchter an, gemeinsam mit einem befreundeten Kleinunternehmen, das sich auf Fischzucht spezialisiert hat. Was sich im Tiefgeschoss einer Gewerbeeinheit mitten in der Großstadt reichlich utopisch anhört, ist in ökologischen Landwirtschaftsbetrieben längst Realität: »Vor der Erfindung des Erdöl-Düngers war dieser Kreislauf in jedem Bauernhof Alltag«, sagt Dettmann. Dem Regenwurm, den er zu Anschauungszwecken in den Fischbottich geworfen hat, wirft er einen bedauernden Blick hinterher. Er ist Vegetarier – und hofft heimlich, dass seine Speisepilze auch andere davon überzeugen, auf Fleisch zu verzichten. »Probieren Sie den Seitling mal als Alternative zum Schnitzel – köstlich!«, empfiehlt der Pilzzüchter.

Bislang gibt es weltweit nur etwa hundert Firmen und Projekte, die die anspruchsvollen Vorgaben der »Blue Economy« erfüllen. Eines von ihnen ist »Chido's mushrooms«. Noch sind die Gesellschaftsveränderer eine verschwindend kleine Minderheit in der Wirtschaftswelt. Die meisten Unternehmen stellen nach wie vor Gewinnerzielung und Wachstum in den Mittelpunkt. Doch Nachhaltigkeit ist besonders unter Klein- und Mittelstandsunternehmen schwer in Mode gekommen. Beim »CSR-Forum« der Industrie- und Handelskammer Berlin etwa treffen sich quartalsweise Unternehmer, um sich praxisnah darüber auszutauschen, wie man jenseits von Spenden Gutes für die Gemeinschaft tun kann. Als im Februar 2013 über Wege vom ehrbaren Kaufmann zum Corporate-Responsibility-Manager diskutiert wurde, platzte der Saal aus allen Nähten – was selbst die Veranstalter verwunderte. »Es gibt ein wachsendes Bedürfnis in deutschen Unternehmen, Themen wie Unternehmensverantwortung und Nachhaltigkeit strategisch anzugehen«, stellte Anja

Grothe erfreut fest, die an der Hochschule für Wirtschaft und Recht den Masterstudiengang »Nachhaltigkeits- und Qualitätsmanagement« leitet. Auf dem Podium erzählten »Nachhaltigkeitsprofis« in verschiedenen Firmen davon, wie sie Mitarbeiter im Mülltrennen schulen oder ihr Management für die Zusammenarbeit mit einer Nichtregierungsorganisation erwärmen konnten. Und die Zuhörer im Saal, von der Gebäudereinigungsfirma bis zum Softwareentwickler, nahmen die Anregungen mit Interesse auf.

Mit der Rolle des Wohltäters begnügen sich viele Produzenten von Waren und Dienstleistungen nicht mehr. Für Firmen gehört es heutzutage zum Zeitgeist, ein guter, engagierter Bürger zu sein. Unter den Zuhörern bei der Veranstaltung in der IHK ist auch Helmut Herold, Chefredakteur der Gratiszeitung »Berliner Woche«. Für das Springer-Blatt, das wöchentlich in 33 Lokalausgaben über das Neueste aus Berlin und seinen Kiezen berichtet, ist bürgerschaftliches Engagement ein Teil der hauseigenen Markenstrategie. Herold, der als Lokaljournalist von der »Berliner Morgenpost« zu dem Anzeigenblatt wechselte, suchte mit einer Agentur nach einem unverwechselbaren Profil. Weil bürgerschaftliches Engagement »ein Zukunftsthema und eine tragende Säule für die Demokratie« ist, wie Herold sagt, heißt die letzte Seite der »Berliner Woche« seit zwei Jahren »Berlin engagiert«. Darauf werden Projekte, Bürgerinitiativen, Stiftungen oder Vereine vorgestellt, im Expertengespräch präsentieren Politiker, Wissenschaftler oder Autoren ihre Sicht auf das Thema. Weil Engagement vor allem im Nahbereich stattfindet, passt es zum Slogan des Blatts »Näher dran«.

Herolds persönliches Ziel ist, wie er sagt, die 44 Prozent der Bevölkerung, die laut Freiwilligensurvey als »engagementinteressiert« gelten, zum Mitmachen zu animieren. Damit keiner sagen könne, er wisse gar nicht, wo er sich engagieren könne, druckt die »Berliner Woche« Angebote der Ehrenamtsbörse ab. Bei einer Auflage von 1,5 Millionen Exemplaren stehen die Chancen nicht schlecht, dass mancher Berliner dabei fündig wird. Die Engagementseite wird es natürlich nur so lange geben, wie sie der Mutterkonzern bereit ist zu finanzieren. Schließlich verzichtet man auf wertvollen Anzeigenplatz. Momentan aber überwiegt der Imagegewinn: Andere Gratiszeitungen aus München und Stuttgart haben das Logo der Seite übernommen und verfolgen nun ein ähnliches Konzept.

»Die Regierung begreift Beratung als Bedrohung«: Forscher im Clinch mit der Politik

Bürgerprotest ist das neue gesellschaftliche Modethema. Ob in der Zeitung oder im Buchladen: Überall verkünden die Titelblätter und Umschlagseiten Maximen wie »Wir sind der Staat!«. Journalisten und Autoren feiern die »Neue Bürgermacht« oder die »Bürgergesellschaft«, eine Politikerin der Piratenpartei erklärt ironisch: »Wir nennen es Politik.« Nach der Lektüre habe ich mich stets gewundert, dass die »neue Bürgermacht« oft so unkritisch betrachtet wird. Die Eindrücke, die ich bei Begegnungen unter anderem bei einer Asamblea der Occupy-Bewegung, bei einem Bürgerprotest gegen die Parkumgestaltung in meinem Viertel oder einer Kiezinitiative gegen steigende Mieten gewonnen habe, widersprechen nämlich oft dieser wohlwollenden Betrachtung.

Statt aufrechter Demokraten und unerschrockener Kämpfer für Gerechtigkeit habe ich Menschen erlebt, die stundenlang darüber reden, mit welchen Handzeichen man abstimmt, und am Ende einer nervenaufreibenden Diskussion ohne jegliches Ergebnis auseinandergehen. Und Menschen, die sich mit Plakat in der Hand und Trillerpfeife im Mund schützend vor Bäume stellen, die gefällt werden müssen. Dass es notwendig ist, den Baumbestand zu lichten, weil sich die jahrzehntelang wildwuchernden Gewächse gegenseitig das Licht wegnehmen und die Hälfte von ihnen krank ist, stört sie dabei nicht. Hauptsache, einen Baum gerettet. Die Kiezinitiative wiederum ergeht sich in protokollarischen Spitzfindigkeiten und persönlichen Anwürfen – und wundert sich, dass so wenige Nachbarn öfter als ein einziges Mal zu den Sitzungen kommen.

Das sind gewiss Randerscheinungen. Und ich möchte die Verdienste zahlloser Protestinitiativen nicht kleinreden. Aber ich wage zu behaupten, dass es auch in Stuttgart nicht wenige gab, die nicht das unsinnige Bahnhofsprojekt an den Schlossplatz trieb, sondern die im Massenprotest ein Ventil für Frustabbau oder Selbstdarstellung gefunden haben. In jeder Bewegung gibt es ein paar Spinner, das diskreditiert das Anliegen als solches nicht. Aber dass emotionalisierte Massen keineswegs unproblematisch sind, und schon gar nicht per se demokratisch – mit Ausnahme der Studie von Franz Walter, der sich kritisch damit auseinandersetzte, fehlte mir dieser Aspekt in der überwiegend euphorischen Berichterstattung über Stuttgart 21, Occupy oder den »Arabischen Frühling«. Mir schien, als hätten viele Publizisten und Wissenschaftler kurzerhand beschlossen, die Proteste als Vorreiter einer neuen basisdemokratischen Bewegung wahrzunahmen – ohne sich mit der Frage aufzuhalten, ob die Protestierenden im Frankfurter Bankenviertel oder auf dem Tahrir-Platz wirklich für mehr Demokratie auf die Straße gehen. Und was »mehr Demokratie« denn konkret bedeuten könnte.

Ich treffe mich also mit Heike Walk, die schon lange zum Thema soziale Bewegungen und Bürgerbeteiligung forscht: Sie ist Sprecherin des Arbeitskreises »Soziale Bewegungen« der Deutschen Vereinigung für Politische Wissenschaft (DVPW) und Mitglied des wissenschaftlichen Beirats von attac. Vor allem aber ist Walk Geschäftsführerin des neuen »Instituts für Protest- und Bewegungsforschung«, das gerade an der Technischen Universität Berlin entsteht. Die Einrichtung passt zum Zeitgeist. Doch während politische Sachbücher zum Zustand der Parteiendemokratie Bestseller werden, scheinen es Protestforscher an der Universität schwer zu haben.

»Wir finden im Wissenschaftsbetrieb niemanden, der uns längerfristig finanziert. Weil das Thema Protest als politisch brisant gilt, will niemand Geld in die Forschung stecken«, klagt die Politologin. Dabei sei Deutschland eines der wenigen europäischen Länder, das kein eigenes Hochschulinstitut für die Erforschung sozialer Bewegungen habe – die einzige Forschungsgruppe dazu am Wissenschaftszentrum Berlin wurde eingestellt, als der leitende Professor in den Ruhestand ging. Seitdem gibt es für das Thema keine zentrale wissenschaftliche Anlaufstelle mehr. Eine Sünde, findet Walk. »Soziale Bewegungen sind ein Grundpfeiler unserer Demokratie, das Wissen darum ist für die Gesellschaft unentbehrlich.«

Von wie viel Sachverstand und Leidenschaft muss der Protest getragen sein, um für das Gemeinwesen von Nutzen zu sein? Und läuft Protest nicht Gefahr, in dumpfen Kollektivismus umzuschlagen? Walk versteht meine Frage nicht recht. Es gebe für sie keinen guten oder schlechten Protest, alle Bewegungen seien erst einmal gleich zu gewichten. Die historische Bedeutung zeige sich immer erst viel später. Die Wissenschaftlerin zählt auf, welche gesellschaftlichen Errungenschaften durch den Druck von unten zustande kamen: Das allgemeine Wahlrecht, das Frauenwahlrecht, die Abschaffung der Sklaverei. Daten über neuere deutsche Bewegungen hat der Berliner Forscher Dieter Rucht, der das abgewickelte Institut am WZB leitete, in einer Datenbank gesammelt – von den Protesten gegen die Wiederbewaffnung bis zur dritten Welle der Frauenbewegung. Aus diesem Forschungsschatz und einem Verein von zwölf Wissenschaftlern soll das neue Institut wachsen. Doch dagegen gibt es Widerstand aus der Politik, wie Heike Walk berichtet. Es seien vor allem die Regierungsparteien, die es kategorisch ablehnten, Geld für die Erforschung von Protesten auszugeben: »Ein Christdemokrat hat mich allen Ernstes gefragt, ob wir den Guerillakampf unterstützen wollen«, erzählt Walk, irritiert über so viel Unverständnis für die Wissenschaft.

»Wir wollen niemanden unterstützen«, stellt die Politikwissenschaftlerin klar. Sondern das Wissen bündeln und auswerten, das bereits an Instituten in Bochum und Göttingen oder in vereinzelten Forschungsarbeiten gesammelt werde. Bewegungen und Proteste betrachtet Walk als Frühwarnsysteme für politische Fehlentwicklungen. »Protest gehört heute für ein Viertel der Bevölkerung zum ganz normalen Verhalten in einer Demokratie.« An den gerade aktuellen Protesten könne man ablesen, was die Menschen am meisten bewege.

Und was bewegt die Deutschen? Die Antwort kommt prompt: »Bildungsgerechtigkeit, Einkommensverteilung, Arbeitsmarktpolitik, also: die soziale Frage.« Fast wie Anfang des 20. Jahrhunderts, als Vertreter des Industrieproletariats scharenweise demonstrierten, Parteien gründeten, streikten. Heute seien es allerdings nicht mehr die Armen und Arbeitslosen, die für ihre Interessen kämpften, beobachtet Walk: »Proteste und soziale Bewegungen werden noch stärker von einer Bildungselite getragen als das Ehrenamt im Allgemeinen.«

Warum das so ist, wollen Walk und ihre Kollegen genauer erforschen. Warum gelinge es etwa Rechtsextremen, weniger gebildete Bevölkerungsschichten zu erreichen, den Linken aber immer weniger? Sich mit den Rechten zu befassen, hält Walk für besonders wichtig. Die unterwanderten seit einigen Jahren in ländlichen Gebieten die Zivilgesellschaft. Mit bürgerschaftlichem Engagement: Sie kümmerten sich und böten Zusammenhalt – vielerorts sei diese Strategie erfolgreich. Auch als Protestbewegung träten Rechtsextreme immer selbstbewusster in Erscheinung. Die Bewegungswissenschaftler wollen auch solche Aktivitäten erforschen, die Bewertung überlassen sie anderen. »Wir wollen wissen, wer die Leute sind, die auf die Straßen gehen, und was sie antreibt«, sagt Walk. Dazu will man auf allen großen Demonstrationen Daten erheben.

Den Aufbruch von unten, den Walk zu spüren glaubt, würde sie gerne näher erforschen. Wenn man sie denn ließe. Bislang hat der Gründungsverein immerhin Räume in der Technischen Universität gefunden. Doch eine langfristige Perspektive für das Institut gibt es noch nicht. Die Gründer hoffen auf die Bundestagswahl im September. Bei der SPD, den Grünen und der Linkspartei sei man sich darüber einig, wie wichtig Protestforschung sei. Dieses Parteienspektrum akzeptiere nämlich, im Unterschied zur Regierungskoalition, dass Protest Teil einer lebendigen demokratischen Gesellschaft sei. Sollte es mit der Politik nicht klappen, wollen die Bewegungsforscher ihr Glück in der Zivilgesellschaft suchen: Vielleicht fände sich ja eine Stiftung oder eine Genossenschaft, die bereit seien, die Protest- und Bewegungsforschung auf solide Beine zu stellen, hofft Walk und wendet sich wieder dem Stapel von Förderanträgen auf ihrem Schreibtisch zu.

Nach dem Besuch an der TU bin ich etwas verwirrt – kann es sein, dass die Politiker Angst haben vor demonstrierenden Bürgern? Ich erinnere mich an eine Podiumsdiskussion in der FDP-nahen Friedrich-Naumann-Stiftung, die ich im Juni 2012 besucht habe. Dort ging es um Bürgerbeteiligung im Bezirk – eigentlich ein harmloses Thema. Der anwesende FDP-Politiker, der zuvor recht glaubwürdig über die Notwendigkeit einer »ernsthaften Bürgerbeteiligung, nicht nur im Moment der Krise« gesprochen hatte, wurde plötzlich schmallippig, als der Vertreter einer Nachbarschaftsinitiative die Aufnahme von Partizipation ins Grundgesetz forderte. Es habe alles seine Grenzen, wichtige kommunale Anliegen dürfe man nicht den »Aktivbürgern« überlassen. Schließlich seien Bürgerinitiativen oft recht emotional. Leute empörten sich schnell mal. Oft seien die Bürger aber einfach schlecht informiert. An echter Mitarbeit im mühsamen kommunalen Geschäft hätte die meisten ohnehin kein Interesse.

Diese überhebliche Einstellung mag nicht so recht zu dem Wunschbild passen, das besonders die FDP gern vom »Aktivbürger« zeichnet. Alle, so steht es im aktuellen Engagementbericht der Bundesregierung, sollten es als ihre »freiwillige Bürgerpflicht« begreifen, sich für das Gemeinwesen einzusetzen. Besonders im Lokalen könnten Bürger viel verändern, man müsse ihnen nur ein paar bürokratische Hinternisse aus dem Weg räumen.

Wie passt das zusammen? Sind Engagierte nur dann willkommen, wenn sie sich wunschgemäß dort einsetzen lassen, wo sie gebraucht werden? Stoßen sie aber von selbst eine Initiative an oder engagieren sich, um Kritik an den herrschenden Verhältnissen zu üben, wird gleich Umstürzlerisches gewittert. Automatisch muss ich an die braven Rentner denken, die in Stuttgart von der Polizei mit Tränengas malträtiert wurden. Weil sie sich gegen eine Verfahrensungerechtigkeit wehrten – nicht aber gegen das ganze System. Schilder mit der Aufschrift »Stellt euch vor, es ist Wahl. Und wir gingen hin« sind Drohungen, die ganz solide auf dem Boden der freiheitlich-demokratischen Grundordnung stehen.

Was läuft da falsch zwischen den Volksvertretern und ihrer Basis? Brauchen wir mehr Bürgerbeteiligung, eine basisdemokratische Mitmachkultur, wie sie etwa die Piratenpartei anstrebt? Damit die vielen Menschen, die hierzulande etwas bewegen wollen, nicht mehr ausgebremst werden von arroganten Volksvertretern und unflexiblen Bürokraten?

Noch vor nicht allzu langer Zeit konnte man tatsächlich den Eindruck haben, dass Deutschlands angeblich so politikverdrossene Bürger sich einfach nur nach mehr Partizipation sehnen: In Scharen kehrten sie den etablierten Volksparteien den Rücken und wählten die basisdemokratischen Piraten. Sie gingen gegen Bauvorhaben auf die Straße, forderten in Massen den Atomausstieg und schlossen sich der globalen, kapitalismuskritischen Occupy-Bewegung an. Als auch in der arabischen Welt Menschen für freie Meinungsäußerung auf die Straße gingen, konnte man beinahe denken, dass es von Kairo bis Frankfurt nur den einen Wunsch gebe: mehr Demokratie.

Auf dem Höhepunkt dieser Basiswelle wurden Theorien populär, die sich auf die Idee von der »Weisheit der Vielen« berufen. Der Grundgedanke dieses vom amerikanischen Journalisten James Surowiecki in einem Buch entwickelten Theorie lautet kurz gefasst: Gruppen sind klüger als Einzelne. Eine Gesellschaft kann danach nur gerecht sein, wenn sie die Interessen möglichst vieler Bürger vertritt – das taten aber weder die arabischen Despoten noch die verknöcherten Volksparteien der westlichen Demokratien.

Bücher wie »Bürgermacht« oder »Baustelle Demokratie«, die in dieser Zeit erschienen, wurden zumeist von Politologen geschrieben und priesen als Lösung die »Bürgergesellschaft«. Mit Schul- und Quartiershaushalten, über die Menschen frei bestimmen können. Mit mehr Geld für die chronisch klammen Kommunen und mehr Partizipationsrechten für Ausländer, Kinder und Jugendliche. Auch die nicht ganz neue Idee eines bedingungslosen Grundeinkommens für alle wurde wieder mit neuer Verve diskutiert.

Inzwischen ist die basisdemokratische Aufbruchstimmung merklich erlahmt: Die Piratenpartei und die Occupy-Bewegung haben sich mangels konkreter Inhalte in die politische Bedeutungslosigkeit verabschiedet, die »Stuttgart 21«-Gegner müssen ihre politische Niederlage verarbeiten und die Anti-Atom-Bewegung hat Mühe, nach dem erfolgreichen Atomausstieg das Interesse am Thema erneuerbare Energien wachzuhalten. Was die sogenannte »Arabellion« betrifft, hat sich inzwischen herausgestellt, dass nicht alle, die damals auf die Straße gingen, überzeugte Demokraten waren.

Geblieben ist die Erkenntnis, dass Bürger nicht machtlos sind, sondern gemeinsam enorme Veränderungen bewirken können. Geblieben ist auch eine gestiegene Sensibilität dafür, dass Regierende wichtige politische Entscheidungen nicht mehr über die Köpfe der Menschen hinweg treffen können – ohne damit öffentlichen Unmut hervorzurufen. Von der Protestgesellschaft zur Bürgergesellschaft ist es aber noch ein weiter Weg. Ob die, die in Fußgängerzonen Unterschriften sammeln, im Netz Petitionen verbreiten, sich mit Plakaten vor Rathäuser stellen, auch dabei sind, wenn der kurzfristige Empörungsanlass fehlt? Ob engagierte Wutbürger auch den mühevollen demokratischen Alltag mitzugestalten bereit sind, wo keine Aufmerksamkeit winkt und vielleicht nicht einmal messbarer Erfolg? Ob all die Empörten und Betroffenen sich dauerhaft für die Zivilgesellschaft ins Zeug legen werden, muss sich erst noch zeigen. Ein Anfang ist jedenfalls gemacht: Das Wissen um die Selbstwirksamkeit der Bürger ist da.

Damit diese »Weisheit der Vielen« für die gesamte Gesellschaft und für kommende Generationen nutzbar ist, muss man sie bündeln. Bereits 2002 erkannte das die Enquetekommission für bürgerschaftliches Engagement und empfahl die Gründung eines gesellschaftsübergreifenden Engagement-Netzwerks. Damit das Wissen all der

Menschen und Institutionen, die sich in der Bundesrepublik mit dem Thema befassen, nicht verloren geht. Diese Empfehlung wurde noch im selben Jahr umgesetzt, mit der Gründung des »Bundesnetzwerks Bürgerschaftliches Engagement«, kurz BBE.

Im BBE sind 260 Mitglieder aus Politik, Zivilgesellschaft und Wirtschaft vertreten. Die Liste ist lang und eindrucksvoll – das Bundesland Bayern ist darin genauso vertreten wie das Bundesamt für Migration und Flüchtlinge, die Stadt Lübeck, das Institut für Bildungsforschung, die Deutsche Bahn, Bayer, das Kolpingwerk oder das Messie-Selbsthilfe-Netzwerk. Einmal im Jahr trifft man sich zur Vollversammlung, daneben haben sich Arbeitsgruppen gebildet, etwa zu »Migration und Teilhabe« oder »Perspektiven der lokalen Bürgergesellschaft«. In der »Civil Academy« können junge Menschen praktikable Projektideen entwickeln, eine Beratungsstelle hilft Vereinen bei der Gewinnung und Qualifizierung ehrenamtlicher Vorstände. Für Rettungs- und Katastrophendienste gibt es Beratung beim Umgang mit Freiwilligen. Einmal im Jahr organisiert das Bundesnetzwerk die Woche des bürgerschaftlichen Engagements, die unter dem Motto »Engagement macht stark!« zeigen soll, was die Bürgergesellschaft alles leistet. Das BBE organisiert darüber hinaus Vorträge und Fachkonferenzen, gibt Newsletter und ein Magazin heraus.

Weil ich mir unter der abstrakten Netzwerkarbeit wenig vorstellen kann, vereinbare ich einen Termin mit dem Geschäftsführer, Ansgar Klein. Der empfängt mich privat: In einem Neuköllner Wohnkomplex aus den Siebzigerjahren leben Klein und seine Lebensgefährtin auf vier Etagen. Im »Besprechungszimmer«, wo Klein auch an freien Tagen beruflichen Besuch empfängt, stapeln sich die Bücher. Zwischen Fantasy-Schinken und Sachbüchern stehen ganze Jahrgänge des »Forschungsjournals Neue Soziale Bewegungen«, zu dessen Herausgebern Klein gehört. Zur Begrüßung legt er mir zwei Ausgaben auf den Tisch: die Sonderausgabe zu den Folgen von 1968. Und das aktuelle Heft: »Demokratie zwischen Krise und Erneuerung«.

Die Demokratiekrise von heute sei auch ein Erbe der 1968er, sagt Klein. »Die sozialen Bewegungen, die damals entstanden, läuteten das Ende der Parteiendominanz ein«, sagt er und serviert Mineralwasser. Klein erzählt von den Selbsthilfegruppen, die sich in den Siebzigern überall gegründet hatten. Wer sich mit Gleichgesinnten zusammentat, um gemeinsam die Interessen von geprügelten Frauen, Depressiven oder Eltern von Kindern mit Down-Syndrom zu vertreten, dem waren althergebrachte Vereinsstrukturen zu spießig. Die Selbsthilfebewegung ist immer noch höchst lebendig: Aktuell gibt es in Deutschland rund 100 000 Selbsthilfegruppen und etwa 200 Kontaktstellen, die eine wichtige Säule der Gesundheitsvorsorge geworden sind. Professionelle Kontaktstellen werden zum Teil von den Krankenkassen finanziert. »Ein großer Teil dieser Selbsthilfegruppen hat aber noch nicht einmal die nötige Rechtsform für eine Förderung«, sagt Klein. Die Vereine dagegen arbeiteten hart daran, sich zu modernisieren, um den Nachwuchs nicht an andere, vermeintlich »flottere« Organisationsformen zu verlieren.

Klein redet ohne Punkt und Komma, springt von den Vereinsvorständen zu Nichtregierungsorganisationen und der Bewegung kritischer Konsumenten. Wenn man ihm zehn Minuten zugehört hat, hat man das Gefühl, in einem Land des bürgerschaftlichen Aufbruchs zu leben.

Sind wir denn schon eine Bürgergesellschaft? Klein lacht und erklärt, aktive Bürger gebe es genug. »Sie kennen doch die Zahlen: 23 Millionen Engagierte!« Das politische Klima sei da, aber der Staat sei noch nicht so weit, diesen Aktivitäten auch den nötigen Raum einzuräumen. »Eine Bürgergesellschaft beruht auf einer Kultur der Mitbestimmung«, sagt Klein. Vom Kinderrat in der Grundschule bis zum Stadtteilparlament müsste man die Menschen eigene Entscheidungen in ihrem Nahbereich treffen lassen, mit einem Budget. »Wer sieht, dass er selbst etwas bewirken kann, ist bereit, Verantwortung zu übernehmen, statt in einer Konsumhaltung zu verharren und den Parteien das Geschäft zu überlassen.« Engagement sei Politik im Kleinen. Leider, sagt Klein, distanzierten sich viele Engagierte vom Begriff »Politik«, da sie dem politischen System misstrauten. Und viele Politiker nähmen Engagierte nur als selbstlose Helfer und billige Arbeitskräfte wahr. Das Bundesnetzwerk sei ein Versuch, die Gräben zwischen Politik, Bürgern und auch der Wirtschaftswelt aufzubrechen.

Die sind mitunter aber recht tief, besonders wenn es um Geld geht. Als im Juli 2011 die Wehrpflicht und damit auch der Zivildienst endete, waren Wohlfahrts- und Sozialverbände nervös. Ohne die 90 000 jungen Männer, die in Krankenhäusern, Jugendherbergen oder Altenheimen für einen symbolischen Lohn Dienst taten, befürchtete man einen Zusammenbruch der sozialen Infrastruktur.

Das Familienministerium rief daraufhin den Bundesfreiwilligendienst ins Leben. In diesem neuen Dienst kann sich jeder, egal ob Mann oder Frau, jung oder alt, sechs bis 24 Monate lang für die Gemeinschaft engagieren. 35 000 Einsatzstellen wurden geschaffen, in Erziehung und Pflege, dem Umweltschutz, in Sport oder Kultur. Sie sollen die bereits bestehenden Formate Freiwilliges Soziales Jahr und Freiwilliges Ökologisches Jahr ergänzen. Ein Jahr für die Gemeinschaft – aus dieser neuen, nicht mehr zwangsverordneten Möglichkeit hätte man eine Art »Engagementakademie« machen können, wie Klein sagt. Aber, so bedauert der Engagementexperte, die Regierung habe den Neuanfang vergeigt: »Fahrer, Pförtner, Möhrenschneider – alles, was früher die Zivis machten, gilt jetzt auch als Stelle. Hilfsarbeit ist aber keine zivilgesellschaftliche Tätigkeit für die Allgemeinheit.«

Der Regierung wie den Wohlfahrtsverbänden ginge es nur um billiges Personal, kritisiert er. Im Sozialen Sektor käme auf drei Hauptamtliche ein »Bufdi« – ein Indiz dafür, dass man den Zivi einfach unter neuem Namen weiter betreibe. Viele Freiwillige, besonders im Osten Deutschlands, suchten eigentlich eine reguläre Arbeit und griffen aus Mangel an Alternativen zum Freiwilligendienst. Statt diese Menschen für die Zivilgesellschaft zu werben oder ihnen neue Job-Qualifikationen zu vermitteln, »verbrenne« man sie in anspruchslosen Niedriglohnjobs, bemängelt Klein. An diesem Punkt setzt auch die Kritik der Gewerkschaften am Bundesfreiwilligendienst an. Sie äußern sich ein Jahr nach Einführung des neuen Dienstes negativ. Der Freiwilligendienst verschärfe die Konkurrenz auf dem Arbeitsmarkt und verhindere reguläre Beschäftigungsverhältnisse.

Klein findet besonders die zentrale Steuerung durch

das Bundesamt für Familie und zivilgesellschaftliche Aufgaben (BAFzA) bedenklich. Jeder, der eine Freiwilligenstelle antritt, unterschreibt einen Vertrag mit der Unterbehörde des Familienministeriums. Die Einsatzstellen und Träger haben somit gar kein direktes Dienstverhältnis mehr zu ihren Angestellten. Eine »Entmachtung der Zivilgesellschaft« nennt das Klein. Besonders absurd findet er, dass das BAFzA 14 000 Einsatzstellen direkt vergibt – damit mache die Behörde den Freien Trägern auch noch Konkurrenz.

Der zentral von oben gesteuerte Dienst ist für Klein nur ein Beispiel dafür, wie Freiwilligenarbeit durch die Begehrlichkeiten von Politik und Arbeitgebern unter Druck gerät. Unwohlsein bereiten ihm auch arbeitsmarktpolitische Instrumente wie die »Bürgerarbeit«. Im BBE beschäftigt sich eine eigene Arbeitsgruppe mit dem Thema »Bürgerschaftliches Engagement im Sozialstaat der Zukunft«. Die Experten, zu denen unter anderem Mitarbeiter des Malteser Hilfsdienstes und des baden-württembergischen Arbeitsministeriums gehören, warnen davor, Bürgerengagement auf die Rolle des »Ausfallbürgen« für einen sich zurückziehenden Sozialstaat zu reduzieren. Sie fordern stattdessen den »ermöglichenden Staat«, der seine Bürger dabei unterstützt, selbst gemeinnützig tätig zu werden – statt sie unter Androhung von Sanktionen in Hilfsstellen zu stecken. In Konferenzen und Thesenpapieren erarbeiten die BBE-Experten Handlungsempfehlungen. Ob diese auf politischer Ebene auch aufgegriffen werden, ist allerdings fraglich.

Das liegt vor allem an dem schwierigen Verhältnis zwischen dem BBE und dem aktuellen Familienministerium.

Man könnte sogar von einer offenen Feindschaft sprechen, die viel mit Parteiideologie und bürokratischer Eitelkeit und wenig mit Inhalten zu tun hat.

Aber der Reihe nach: Als das Bundesnetzwerk Bürgerschaftliches Engagement 2002 startete, geschah dies unter einer rot-grünen Bundesregierung. Das (damals schon für Engagementpolitik zuständige) Familienministerium leitete die SPD-Politikerin Renate Schmidt. Auch die ab 2005 amtierende CDU-Ministerin Ursula von der Leyen unterstützte das Netzwerkprojekt. Als 2009 Kristina Schröder (ebenfalls CDU) das Amt antrat, änderten sich die politischen Vorzeichen: Schröder orientiert sich stärker an Parteizugehörigkeiten als ihre Vorgängerin, vieles spricht dafür, dass sie das BBE von Anfang an als Erbe von Rot-Grün wahrgenommen hat. Zudem drohte dem Familienministerium in dieser Zeit der Wegfall seiner einzigen nachgeordneten Behörde, des Bundesamts für Zivildienst. Im Ministerium konzentrierte man sich darauf, diese Hausmacht zu erhalten, und steckte viel Energie und Geld in den Aufbau des neuen Bundesamts für Familie und Zivilgesellschaftliche Aufgaben.

»Das Eigeninteresse des Ministeriums führte zur Privilegierung dieser Behörde«, klagt Klein. 350 Millionen stelle man dem »Hätschelkind« Freiwilligendienst zur Verfügung – um den Rest des Bürgerschaftlichen Engagements kümmere sich nun der Seniorenbeauftragte, mit gerade mal fünfzig Millionen Euro Budget. Das Versprechen etwa, eine ressortübergreifende Stelle für bürgerschaftliches Engagement beim Bund zu schaffen, hat die Bundesregierung nie eingelöst.

Für die Arbeit des Bundesnetzwerks war das ein herber

Schlag: Schließlich hatte das BBE auf Wunsch der Bundesregierung ein »Nationales Engagementforum« ins Leben gerufen, um die Regierung bei der Entwicklung einer »Nationalen Engagementstrategie« zu beraten. Die Regierung verkündete ihre Strategie 2010 – ohne dabei aber die Vorschläge der Experten einzubeziehen. Auch für das BBE drehte sich bald der Wind: Im Machtkampf um Ressourcen und die Deutungshoheit darüber, wie bürgerschaftliches Engagement bewertet wird, geriet das Netzwerk mit seinem Dialogverständnis zum Störfaktor. Klein berichtet von höchst amtlichen Anrufen bei Verbänden, mit dem Ziel, sie zu einer Kündigung der Mitgliedschaft im Netzwerk zu bewegen. Und von der Äußerung eines Staatssekretärs, die tief in das ideologiegetriebene Politikverständnis des Ministeriums blicken lässt: »Dieses SPD-geführte Netzwerk kriegen wir auch noch zerschlagen.« Unter Verfolgungswahn leidet Klein bestimmt nicht – dass dem Netzwerk über Jahre hinweg immer mehr die Förderung gekürzt wurde, ist für jedermann nachvollziehbar. Dass es schlechte Arbeit leistet, hat noch nicht einmal das Ministerium behauptet – der Grund für die versuchte Demontage muss also ein anderer sein.

Als es so weit war, dass Klein und seine Mitarbeiter halbjährlich um Geld bangen mussten, kamen dem Netzwerk seine Mitglieder zu Hilfe: Bundesländer wie Bayern und Baden-Württemberg erhöhten aus Solidarität freiwillig die Mitgliedsbeiträge. Und die Austritte waren trotz behördlicher Intrigen spärlich. Trotzdem wurde die Koordination des »Nationalen Engagementforums« dem »Deutschen Verein für öffentliche und private Fürsorge« übertragen. Aus einer neuen europaweiten Koordinierungsstelle lud das Ministerium das Bundesnetzwerk aus – und entsandte lieber eigene Mitarbeiter.

»Das Ministerium begreift Beratung offenbar als Bedrohung«, resümiert Klein. Man wolle sich doch nicht durch eine Einrichtung kritisieren lassen, die man selber finanziere – mit diesem Argument trat das Familienministerium schließlich selbst als Mitglied aus. Von einer harten Zeit und durchwachten Nächten berichtet Klein, der eigentlich recht robust wirkt. Es scheint allerdings, als habe er den Krieg mit dem ungeliebten Geldgeber vorerst gewonnen: Das Bundesnetzwerk erhält nun eine Drei-Jahres-Förderung, wenn auch mit jährlich sinkendem Budget.

»Auch wenn das amtierende Familienministerium es nicht zu schätzen weiß: Wir haben in zehn Jahren ein politisches Schatzkästlein geschaffen. Und das werde ich auf keinen Fall aufgeben«, sagt Klein grimmig. Notfalls leite er das Netzwerk auch ehrenamtlich.

Ein Hochschulinstitut, dem die Gründung schwergemacht wird. Ein Netzwerk, dem die Arbeit erschwert wird. Hier geht es offensichtlich nicht um Einzelpersonen, die nicht miteinander können. Sondern um ideologische Differenzen, unterschiedliche Auffassungen davon, wie eine Gesellschaft funktionieren soll. Und welchen Platz bürgerschaftliches Engagement darin hat. Regierungspolitiker und das Familienministerium auf der einen, die Forscherin und der Netzwerker auf der anderen Seite: Hier prallen zwei Gesellschaftsentwürfe aufeinander, die sich unversöhnlich gegenüberstehen.

Die amtierende Regierung aus FDP und CDU folgt der Denkrichtung des politischen Liberalismus. »Jeder ist seines Glückes Schmied« – so könnte man, stark verkürzt, die Forderung nach mehr Eigenverantwortung für den Einzelnen übersetzen. Der Sozialstaat wird dabei als Motivationsbremse für Engagement empfunden: Warum sich anstrengen, um aus Arbeitslosigkeit und Armut herauszufinden, wenn der Staat jeden Monat Geld aufs Konto überweist? Der Staat sollte sich also so weit zurückziehen wie möglich, um die Bürger zur Selbsthilfe zu ermuntern und nur dort eingreifen, wo Bürger untereinander ihre Angelegenheiten nicht selbst regeln können. Solche Gedanken vom »aktivierenden Staat« finden sich in den Parteiprogrammen von CDU und FDP und dementsprechend in der »Nationalen Engagementstrategie«.

Anhänger des liberalen Modells blicken gerne sehnsuchtsvoll in die USA, wo die Engagementquote besonders hoch ist. Studien zufolge sind 42 Prozent aller über 18-jährigen US-Amerikaner bürgerschaftlich engagiert. In den USA säubern Bürger ganz selbstverständlich ihre Parks, decken Turnhallendächer oder betreiben Bibliotheken, ohne dass jemand auf die Idee käme, nach dem Staat zu rufen. Der Sozialstaat ist ohnehin schwach, die Traditionen des Bürgersinns und der religiösen Barmherzigkeit sind stark. Unternehmen und vermögende Privatpersonen fühlen sich verpflichtet, einen Beitrag für die Gesellschaft zu leisten.

Das politische Gegenmodell geht von einem Staat aus, der die Aufgabe hat, die Schwächsten der Gemeinschaft zu unterstützen und die Teilnahme aller am gesellschaftlichen Leben sicherzustellen. Der »ermöglichende« Staat schafft die Rahmenbedingungen für individuelles Engagement, das die Angebote des Wohlfahrtsstaats ergänzt.

Befürworter des Sozialstaats warnen gern vor »amerikanischen Verhältnissen«. Also vor einem Staat, der es den Bürgern überlässt, die Härten des kapitalistischen Gesellschaftssystems notdürftig abzumildern. In so einer Gesellschaft gibt es statt sozialer Gerechtigkeit bloß individuelle Mildtätigkeit – ein Horrorszenario, vor dem besonders Gewerkschaften beinahe reflexartig warnen, wann immer von der Stärkung des Ehrenamts die Rede ist. Das aber ist sehr einseitig. Der Staat mag schwach sein in Amerika, die soziale Ungleichheit groß. Dafür ist der Bürgersinn aber auch besonders stark. Der Pragmatismus und das Unbürokratische machen amerikanische Ideen wie Community Organizing, Bürgerstiftungen oder Lesepatenschaften auch hierzulande attraktiv.

Genau das ist das Problem bei der ideologischen Betrachtung von bürgerschaftlichem Engagement: Sie greift zu kurz. Ob liberal oder solidarisch – beide Denkrichtungen beurteilen Engagement fast ausschließlich im Verhältnis zum Sozialstaat. Während sich die einen fragen, wie man die Freiwilligen möglichst effizient zur Übernahme bisher staatlicher Aufgaben heranziehen kann, wittern die anderen hinter jedem Ehrenamtlichen die Vernichtung eines tariflich abgesicherten Arbeitsplatzes. Das sind, grob vereinfacht, die Hauptkonfliktlinien in einer Diskussion, die seit den Neunzigerjahren tobt.

Seit dieser Zeit nämlich interessiert sich die Politik verstärkt für die Freiwilligen. In Zeiten knapper öffentlicher Kassen und überlasteter sozialer Sicherungssysteme diskutiert man in Ministerien und Verwaltungen darüber, wie das »Engagementpotenzial« der Deutschen besser erforscht und genutzt werden könnte. Erste wissenschaftliche Erhebungen zeigten den hoffnungsvollen

Politikern zunächst kein ermutigendes Bild: Nur 16 Prozent der Deutschen betätigten sich ehrenamtlich, wie 1996 eine Erhebung der Bundesregierung belegte. Im europäischen Vergleich lagen die Deutschen damit beim Thema Engagement weit hinten. Schnell wurde der bislang auf das klassische soziale und politische Ehrenamt fokussierte Engagementbegriff erweitert, nun war von »bürgerschaftlichem Engagement« die Rede. Eine groß angelegte Studie wurde in Auftrag gegeben, die auch Engagement in Protestbewegungen, informellen Selbsthilfegruppen und Nichtregierungsorganisationen einschloss. Der 1999 erschienene »Freiwilligensurvey« lieferte auch prompt bessere Ergebnisse: Ganze 34 Prozent der Bundesbürger galten nun als engagiert – mehr als doppelt so viele wie noch drei Jahre zuvor.

Euphorisiert von diesem neu entdeckten Engagementpotenzial, machte sich in der Folgezeit ein Heer von Politologen, Demographen und Sozialforschern an die Arbeit, den bislang von der Öffentlichkeit weitgehend unbeachteten Freiwilligensektor weiter auszuleuchten. 1999 setzte der Bundestag eine Enquetekommission zur »Zukunft des bürgerschaftlichen Engagements« ein, die »konkrete politische Strategien und Maßnahmen zur Förderung des freiwilligen gemeinwohlorientierten, nicht auf materiellen Gewinn ausgerichteten bürgerschaftlichen Engagements in Deutschland« erarbeiten sollte.

Ob es wohl bald schon als Ehrenamt gilt, wenn man der Nachbarin aus dem dritten Stock den Einkaufskorb hochträgt? Tatsächlich kann man beobachten, dass die Definition von bürgerschaftlichem Engagement mit jeder Studie weiter gefasst wird: Der dritte Freiwilligensurvey von 2004 schloss auch gelegentliche informelle Hilfe mit ein, die Teilnahme an Unterschriftenaktionen oder Spenden an Nichtregierungsorganisationen. Die Engagementquote stieg daraufhin auf 36 Prozent an. Im europäischen Vergleich liegt Deutschland bei der Bürgerbeteiligung nun im respektablen Durchschnitt, in Skandinavien und Großbritannien ist die Beteiligung noch höher. Weiter stieg die Engagementquote danach allerdings nicht. Im aktuellen Freiwilligensurvey von 2009 stagniert die Zahl bei 36 Prozent. »Ein Drittel der Gesellschaft ist die Grenze – viel mehr werden sich auch nicht engagieren«, glaubt der Sozialforscher Eckhard Priller vom Wissenschaftszentrum Berlin, der selbst an den Freiwilligensurveys mitgearbeitet hat. Priller entdeckt bei den Deutschen zwar seit einigen Jahren »einen stärkeren Drang zur Gemeinschaft«. Aber ob wirklich weitere 37 Prozent der Bevölkerung als »potenziell engagiert« gelten, wie es der Survey behauptet? Bei einer Umfrage gibt man schnell mal an, »bestimmt« oder »eventuell« bereit für ein Ehrenamt zu sein. Allzu ernst sollte man solche Lippenbekenntnisse wohl nicht nehmen.

Was soll also dieses Herbeireden von Engagementpotenzial? Soll eine möglichst hohe Zahl existierender und möglicher Freiwilliger das Ansehen Deutschlands in der Welt mehren? Oder denen, die sich bislang nicht fürs Gemeinwohl interessiert haben, ein schlechtes Gewissen machen? Dafür aber muss man keine Zahlen frisieren, man muss nur durchs Land gehen und die Augen aufmachen. Es gibt bereits sehr viele, die ohne Bezahlung daran arbeiten, dass unser Zusammenleben angenehm, unsere Demokratie vital ist und unsere Schwachen versorgt sind.

Kurz: die unser Land zusammenhalten. Es sind bereits sehr viele, aber weil wir längst von ihnen abhängen, sind es noch lange nicht genug.

Das Ende der Ego-Gesellschaft?

Bei meinen Recherchen für dieses Buch habe ich Menschen kennengelernt, die eine Sehnsucht nach Veränderung umtreibt. Sie wollen ein anderes Verhältnis zum Tod, einen bewussteren Umgang mit städtischem Raum, eine neue basisdemokratische Kultur. Diese Menschen fordern nicht nur das Neue, sie tun es selbst. Sie folgen dabei nicht dem Patriotismus eines John F. Kennedy: »Frage nicht, was dein Land für dich tun kann, sondern, was du für dein Land tun kannst.« Die Engagierten werden nicht aktiv, weil es Politiker, Kirchen oder die Bürgerehre von ihnen verlangen. Sie handeln größtenteils auf eigene Rechnung, aus einer inneren Ungeduld heraus: Warum warten auf den Wandel, wenn man ihn auch selbst anstoßen kann?

Der Wunsch nach Veränderung kommt aus der bürgerlichen Mitte. Aus dem Teil der Gesellschaft also, der von den politischen Parteien und der Konsumindustrie am heftigsten umworben wird. Doch diese ressourcenstarke und selbstbewusste Gruppe ist offenbar immer weniger zufrieden mit den Beteiligungsmöglichkeiten, die ihr zur Verfügung stehen: Der urbane Gärtner mischt nicht bei den Grünen oder dem NABU mit, sondern organisiert in seinem Block einen Nachbarschaftsgarten. Der Pilzzüchter will mit seinen Kreationen nicht möglichst viel Geld verdienen, sondern verpflichtet sich freiwillig einer sozial-ökologischen Geschäftsidee. Die Stadtaktivistin sammelt keine Unterschriften gegen den Abriss eines Viertels, sondern tut sich mit anderen zusammen, um es zu besetzen.

Es ist kein zielloser Aktionismus, der diese Menschen antreibt. Oder der kindliche Wunsch nach »Selbermachen«. Es ist der Drang, etwas zu ändern, von dem eigentlich alle behaupten, dass es nicht zu ändern ist: Die Art und Weise, wie wir wirtschaften, handeln, Entscheidungen treffen, zusammenleben.

Unter denen, mit denen ich gesprochen habe, sind überzeugte Konservative, Antikapitalisten, Ökos und Karrierebewusste. Manche von ihnen wollen am liebsten den Kapitalismus abschaffen, andere wollen nur gesünderes Essen für ihre Kinder oder eine sinnvolle Perspektive fürs Altwerden. Trotzdem fiel in den Gesprächen mit all diesen unterschiedlichen Menschen auffällig oft ein Wort: Gerechtigkeit.

Gerechtigkeit? Ist das die gleiche deutsche Mittelschicht, die, wenn man Zeitungsartikeln und Studien glauben darf, nur auf den eigenen Vorteil fixiert ist? Die von der Angst besessen ist, in die Unterschicht abzurutschen, zu den Verlierern zu gehören? Die Mittelschicht ist offenbar selbstbewusster als gedacht – und weit weniger egoistisch als befürchtet.

Nun habe ich nur einen kleinen Ausschnitt der Freiwilligenlandschaft kennengelernt. Aber auch der Freiwilligensurvey und andere groß angelegte Studien zeigen: Der Wunsch nach einer gerechteren Verteilung von Chancen, Wohlstand, Bildung und Gesundheit motiviert viele dazu, sich unbezahlt zu engagieren. Natürlich steckt in der Annahme, Gerechtigkeit selbst herstellen zu können, auch eine gewisse Hybris. Etwa, wenn die Mutter eines Gymnasiasten meint, es sei gerechter, wenn Kinder früher auf verschiedene Schularten verteilt würden – damit aber vor allem den Lernerfolg des eigenen Sohnes im Blick hat.

Darüber, was Gerechtigkeit ist und wie man sie erreicht, ist man sich keineswegs einig. Die Millionen Engagierten wollen alle den gesellschaftlichen Wandel. Sie arbeiten daran aber mit den verschiedensten Methoden und setzen unterschiedliche Prioritäten. Die eine große Bewegung mit einheitlicher Stoßrichtung gibt es nicht. Was es gibt, sind viele einzelne Engagierte, die viele Einzelbewegungen vorantreiben. Ohne Masterplan, ohne große Utopien. Aber doch mit einer Vorstellung von einer besseren Gesellschaft.

Diese Vorstellung ist oft unkonkret, eher gefühlt als durchdacht, man könnte sagen: vorpolitisch. Die Engagierten als gänzlich unpolitisch zu bezeichnen, täte ihnen aber unrecht. Die meisten sind sich bewusst, dass das, was sie tun, wichtig für den Zusammenhalt der Gesellschaft ist. Sie handeln nicht nur instinktiv – weil sie das Herz auf dem rechten Fleck haben und einfach nicht anders können, als zu helfen.

Dieses Bild, das Politiker bei Festtagsreden und Ehrungen gerne vom Ehrenamtler zeichnen, ist veraltet. Nicht nur, weil der Begriff »Ehrenamt« nur noch unzureichend die Freiwilligen von heute beschreibt. Die religiös motivierten, die auf lange Zeit an große Organisationen gebundenen Ehrenamtlichen, die Gutes tun, weil sich das eben so gehört – sie werden immer weniger. Mehr werden dagegen Bürger, die sich engagieren, weil sie es ganz bewusst zu ihrer Sache machen, einen Teil der Gesellschaft zu verändern: ihre Nachbarschaft, unser Zusammenleben, vielleicht sogar das ganze Gesellschaftssystem.

Dass Politiker nicht müde werden, die Ehrenamtlichen über den grünen Klee zu loben und versuchen, mit allen möglichen Mitteln und Instrumenten die »Gesellschaft mit menschlichem Gesicht« (Ursula von der Leyen) zu fördern, folgt natürlich einem beträchtlichen Eigeninteresse des politischen Systems: Wenn Bürger selbst den Park vor ihrer Tür in Schuss halten, Eltern Schulräume streichen und Mitfühlende Essen an Arme ausgeben, dann entlasten sie damit die öffentliche Hand und nehmen den Druck aus der staatlichen Verantwortung. Ehrenamtliche kosten nichts, sie sind vielfach motivierter als hauptamtlich Angestellte und bereit, mehr zu geben, als sie eigentlich müssten. Sie sind aber auch, und das ist die Kehrseite, eigensinniger und unberechenbarer als Arbeitnehmer. Sie fühlen sich nicht weisungsgebunden, sie müssen nichts. Und wenn ihnen etwas nicht gefällt, können sie morgen wieder weg sein. Außerdem können sie ihr Engagement auch dort einsetzen, wo es Berufspolitikern gar nicht gefällt.

Diesen Eigensinn haben Politik und Wirtschaft in den letzten Jahren öfter zu spüren bekommen. Beim Widerstand gegen den Stuttgarter Bahnhofsneubau, bei den Besetzungen des Frankfurter Bankenviertels durch die Occupy-Bewegung, bei Protesten gegen steigende Mieten, Windräder oder den Verlauf von Flugrouten.

Nach »Stuttgart 21« hatten Berufspolitiker einen Eindruck davon, wie unbequem für ihr Tagesgeschäft Bürgerengagement sein kann. Die aus Unzufriedenheit agierenden »Wutbürger« werden mit Sorge und Skepsis betrachtet.

Die Folge sind Bestrebungen, das bürgerschaftliche Engagement stärker zu beeinflussen und zu lenken. Dass das Wort »Protest« in der für die Öffentlichkeit bestimmten Kurzfassung des Engagementberichts nicht ein einziges Mal vorkommt, war, wie mir Wissenschaftler versicherten, eine klare Vorgabe des Familienministeriums an die Verfasser der Studie. Dass hier Forschung massiv politisch beeinflusst wurde, zeigt auch die Endfassung des Berichts: Dass einer Erhebung über das Ausmaß privaten Bürgerengagements ein Bericht über unternehmerische Tätigkeiten folgt, war die Idee des Ministeriums – man vermischte kurzerhand zwei getrennte Studien und fügte sie zu einem »Engagementbericht« zusammen. Zum Teil gegen den Widerstand beteiligter Wissenschaftler, die ihre Erkenntnisse nun in einem ganz anderen Kontext präsentiert sehen: Engagement in Deutschland, diesen Eindruck gewinnt man beim Lesen, besteht aus dem selbstlosen Einsatz vieler fleißiger Bürger und gemeinwohlorientierter Unternehmer. Ganz falsch ist das zwar nicht – aber eben auch nicht richtig: Die Bürger, die sich an Protesten beteiligen, werden dabei stillschweigend ausgeklammert.

Dieser Kontrollwahn offenbart eine tiefsitzende Unsicherheit bei den Regierenden. Dem Ministerium ist offensichtlich sehr daran gelegen, die Deutungshoheit darüber zu erlangen, was Engagement ist und welche Rolle es für die Gesellschaft spielt. Auch die zentrale Steuerung des Bundesfreiwilligendienstes durch eine ministeriale Unterbehörde ist ein Versuch, die »Bufdis« und ihre Einsatzstellen stärker als bisher kontrollieren zu können. Bei der »Extremismusklausel«, mit der zivilgesellschaftliche Organisationen sich per Unterschrift zur freiheitlich-demokratischen Grundordnung bekennen müssen, ist das Misstrauen gegenüber den Engagierten besonders offensichtlich.

Eine Engagementpolitik, die von einem zu steuernden Heer von Hilfswilligen ausgeht, muss aber scheitern. Die Familienministerin und ihre Mitarbeiter haben noch nicht verstanden, dass eine starke Zivilgesellschaft ohne unbequeme und widerständige Elemente nicht zu haben ist.

Engagement und Protest gehören untrennbar zusammen: Beide sind Ausdruck desselben Bürgersinns, der sich als gesellschaftliche Stütze entfalten kann. Oder als Opposition.

Wer sich engagiert, denkt nach. Und wer nachdenkt, stellt unter Umständen die Verhältnisse infrage: Warum begreifen wir die alternde Gesellschaft nicht als Chance?, fragt der Unternehmensmitarbeiter – und widmet den Gesellschafts-Fonds seines Konzerns zum »social change«-maker um. Warum produzieren wir so viel Müll? Können wir ihn nicht als Rohstoff nutzen und mit den Unternehmensprofiten gleichzeitig die globale Gerechtigkeit unterstützen?, fragen die sozialen Pilzzüchter aus Berlin. Wer so weitreichende Visionen entwickelt, der hat sich aus dem ewigen Dilemma »Helfer oder Lückenbüßer« längst verabschiedet.

Die Bewegungsstiftung aus Verden will mit Protest

die Gesellschaft verändern. Auch sie interessieren dabei weder Sozialstaats-Diskussionen noch politische Ideologien – auch weil sie ohne staatliche Finanzierung auskommt. Solche neuen Zusammenschlüsse setzen auf die Kraft der Basis und auf den Dialog quer durch alle Schichten und Weltanschauungen. Dass solch unkonventionelle, erfrischende Ansätze oft aus den USA importiert sind, zeigt einmal mehr, dass wir uns von alten Vorurteilen lösen sollten. Amerika ist nicht nur das Land, in dem die Bürger mit anpacken müssen, weil der Staat versagt. Es ist auch die Heimat vieler Grassroots-Bewegungen, die für neuen Wind im deutschen Freiwilligensektor sorgen.

Die neuen sozialen Bewegungen legen großen Wert auf Professionalität. Ob Stadtteilarbeiter oder Flüchtlingsberatung – wer gut organisiert und strukturiert ist, erreicht mehr. Diese Einsicht scheint sich selbst im alternativen Milieu durchgesetzt zu haben. Wo früher Autoritätsallergiker in Kollektiven fröhliches Chaos praktizierten, beschäftigt man nun Pressesprecher, Fundraiser und trimmt seine Website auf Breitenwirksamkeit. Strukturen und Auftreten sind dabei nicht selten von der Wirtschaft abgeschaut: Statt die Feindschaft zum kapitalistischen System hochzuhalten, bedient man sich dessen Methoden. Die »Inis«, kleine Bürgerinitiativen, die ein Erbe der Sechziger- und Siebzigerjahre sind, haben anscheinend genug davon, ein Nischendasein in der alternativen Ecke zu fristen. Sie wollen dort mitspielen, wo Entscheidungen getroffen und Gelder verteilt werden.

Diese Entwicklung der letzten Jahre wirbelt die traditionelle Ehrenamtslandschaft auf. Vereine und Verbände müssen sich nun Fördertöpfe und mediale Aufmerksamkeit mit den Newcomern teilen, die oft deutlich zeitgemäßer daherkommen. Die Professionalisierung übt aber auch Druck auf deren eigene Basis aus: Wenn man Finanzierungspläne und Strategiepapiere braucht, um überhaupt gehört zu werden, vergrößert sich die Hürde für weniger Eloquente und weniger Gebildete, sich zu beteiligen. Damit aber werden soziale und Protestbewegungen zum exklusiven Spielplatz für Akademiker. Studien zeigen dort jetzt schon einen deutlichen Überhang von Hochqualifizierten und Gutverdienern. Organisationen wie die Bewegungsstiftung versuchen dem entgegenzuwirken, indem sie kleine Gruppen wie das Roma-Center für den Kampf um Aufmerksamkeit und Geld rüsten.

Wer etwas bewegen will, muss selbst beweglich sein. Und offen für neue Formen der Kooperation. Diesem Credo folgen auffällig viele der neueren Institutionen: Die interkulturelle Freiwilligenagentur und das Engagement-Netzwerk suchen den Schulterschluss mit anderen Institutionen – Gemeinsamkeiten spielen dabei eine untergeordnete Rolle. Wichtig ist der Austausch und das Bewusstsein, gemeinsam mehr erreichen zu können. Mehr Gerechtigkeit, mehr Mitbestimmung, mehr Demokratie. Dass wir weniger Institutionengläubigkeit und mehr Bürgermacht brauchen, davon ist auch die Bürgerstiftung Barnim-Uckermark überzeugt. Das neu gegründete Institut für Protest- und Bewegungsforschung will die ganze Bandbreite organisierten Bürgerprotests ausloten. Und engagiert sich damit auch selbst – gegen die staatlich geförderte Ignoranz gegenüber widerständigen Bewegungen als einem ganz normalen Bestandteil einer gesunden Demokratie.

Engagement ist wie ein unsichtbares Netz, das uns stützt. Hin und wieder werfen Medienberichte oder Preisverleihungen Schlaglichter auf einzelne Teile des Netzes, doch der größte Teil bleibt für die Öffentlichkeit im Verborgenen. Zwar müht sich eine Handvoll Wissenschaftler, den Ehrenamtssektor mittels groß angelegter Umfragen und Studien zu erforschen. Auch die Politik versucht, durch finanzielle Anreize und Kampagnen Zugriff auf die Freiwilligenarbeit zu bekommen. Doch das Ehrenamt bleibt schwer zu fassen. Zum Glück, denn im bürgerlichen Gemeinsinn steckt meist auch eine gehörige Portion Eigensinn. Dieser ganz persönliche Wunsch nach Selbstverwirklichung und Gestaltungsspielraum ist es, der Ehrenamtliche von Helfern unterscheidet.

Das unsichtbare Netz besteht bei näherer Betrachtung aus vielen bunten Einzelfäden. Die Bandbreite reicht vom traditionsbewussten Breitensportverein bis zur Frauenwohngenossenschaft, von der globalisierungskritischen Nichtregierungsorganisation bis zur Gesellschaft für Erdkunde, von der Unternehmensstiftung für krebskranke Kinder bis zur Protestinitiative gegen einen geplanten Bahnhof. Menschen entscheiden sich aus höchst unterschiedlichen Gründen dafür, sich zu engagieren. Von dieser neuen Vielfalt profitiert die Allgemeinheit oftmals auf ganz neue, überraschende Weise.

Interessanterweise nehmen viele der Freiwilligen bis heute eine Zweiteilung in »politische« und »soziale« Ehrenämter vor. Sie haben ein unterschiedliches Selbstverständnis – je nachdem, auf welche Tradition sie sich berufen. Das politische Ehrenamt geht auf die preußischen Städtereformen des 19. Jahrhunderts zurück. Damals wurde die nicht freiwillige »Bürgerpflicht« erfunden. Männliche Mitglieder des betuchten Bürgertums mussten Ämter in der Stadtverwaltung, bei der Feuerwehr und anderen kommunalen Einrichtungen bekleiden. Dafür bekamen sie kein Geld, sondern die Wertschätzung der Gemeinschaft. Auch heute ist das Ehrenamt in Politik, Wirtschaftsorganisationen oder Verwaltung meist eine anspruchsvolle Tätigkeit mit Verantwortung. Man bringt Leistung und mehrt dadurch sein Ansehen in der Öffentlichkeit – dieses Selbstverständnis passt sehr gut zum klassischen Berufsverständnis eines Unternehmers oder Berufspolitikers.

Das soziale Ehrenamt in kirchlichen Organisationen oder der Wohlfahrt dagegen übt man nicht in erster Linie aus, um etwas zu gelten. Hier verschwindet der Helfer hinter seiner Tätigkeit, die meist eine zupackende ist. Die Wurzeln der selbstlosen Betätigung liegen in der kirchlichen Armen- und Sozialfürsorge. Menschen, die Krankenwagen fahren, Behinderte betreuen, Obdachlose verpflegen, sehen sich noch heute selbst als Helfer und Dienstleister für andere, die es schwerer haben.

Diese beiden traditionellen »Ehrenamtstypen« gibt es weiterhin. Aber sie haben Gesellschaft bekommen: vom politisch motivierten »Aktivbürger«, von der Kämpferin für mehr Bürgerbeteiligung. Aber auch vom Corporate-Social-Responsibility-Profi, der dafür sorgt, dass sich sein Unternehmen wie ein guter Bürger verhält. Und vom Langzeitarbeitslosen, den das Jobcenter zur Gemeinnützigkeit verdonnert, von der Uni-Absolventin, die sich mangels beruflicher Perspektiven für ein Jahr im Bundesfreiwilligendienst entscheidet.

Über all diese Entwicklungen muss man reden. Und zwar ohne Alarmismus. Aber auch ohne Schönfärberei. Leider ist das Gespräch über Engagement allzu oft von Wunschbildern geleitet: Während Politiker sich möglichst unpolitische Freiwillige wünschen, feiern Politologen und Demokratieforscher jeden einzelnen Protestler als Retter der Demokratie – als ob nicht auch schlecht informierte und hysterische Zeitgenossen demonstrierten. Ohnehin sind es vor allem Fachleute aus Politik, Wissenschaft und Wirtschaft, die über Freiwilligenarbeit in der Demokratie diskutieren.

Diese »Engagementszene« umfasst nach groben Schätzungen etwa 300 Menschen aus Hochschulinstituten, Think Tanks, Stiftungen und Sozialverbänden. In der breiten Öffentlichkeit kommt kaum etwas an von den Fachdiskussionen über die gesellschaftspolitische Dimension des Ehrenamts. Dort sind Mutmach-Geschichten über »Helden des Alltags« (so heißt eine Serie über Ehrenamtliche in der Berliner Boulevardzeitung »B. Z.«) gefragt. Von politischen Visionen ist dagegen kaum die Rede. Bürger, die von ihren Freiheitsrechten Gebrauch machen, sind Gegenstand der üblichen politischen Berichterstattung und werden ohne Sympathie-Vorschuss betrachtet. Wenn über Ehrenamt – der Begriff »bürgerschaftliches Engagement« ist so sperrig, dass ihn vorwiegend Fachleute benutzen – überhaupt in politischer Hinsicht die Rede ist, dann sind es Gewerkschaften oder die Linkspartei, die vor der »Lückenbüßerfunktion« des Ehrenamts in einem schwindenden Sozialstaat warnen.

Und die Engagierten? Wenn sie gefragt werden, äußern sie sich meist recht deutlich über ihr Selbstverständnis und ihr Gesellschaftsbild. Man sollte ihnen besser zuhören, ihre Motive kennenlernen. Und dann erst darüber sprechen, welche Funktion die Arbeit Freiwilliger in dieser Gesellschaft hat und haben sollte. Denn nichts ist empfindlicher als das zarte Pflänzchen des Altruismus. Fühlen sich die Freiwilligen missverstanden, von falscher Seite gelobt oder alleingelassen, tun sie das, was sie jederzeit frei sind zu tun: Sie stellen ihr Engagement ein. Und andere, Jüngere, beginnen vielleicht gar nicht erst damit. Dann könnten wir einpacken.

Die Menschen, die ich für dieses Buch kennengelernt habe, wünschen sich politische Rückendeckung für ihr Engagement, aber weniger bürokratische Vorgaben. Sie wünschen sich die Freiheit, sich dort engagieren zu können, wo sie wollen – nicht dort, wo das Jobcenter sie hinschickt. Oder dort, wo billige Problemlösungen gebraucht werden. Und sie wollen nicht Hauptamtlichen den Job wegnehmen. Sie brauchen nicht noch mehr Auszeichnungen und Preise oder eine höhere Aufwandsentschädigung. Sie tun es ja nicht fürs Geld. Sie wollen lieber Wertschätzung für ihr Tun, in einer Gesellschaft, die ihren Veränderungswillen nicht ignoriert, sondern aufnimmt. Und ihnen dort Mitbestimmung einräumt, wo bislang Berufspolitiker unter sich entschieden. Die Engagierten wollen gehört werden.

Sie sind viele und sie haben einiges zu bieten: Sie haben Ideen, Mut, Ausdauer. Und Glaubwürdigkeit. Sie halten unsere Gesellschaft zusammen. Allerdings nur, sofern sie die Zeit dazu finden. Engagement, das habe ich bei der Arbeit an diesem Buch begriffen, gedeiht nicht dort, wo die Probleme am größten sind. Sondern dort, wo sich

Menschen in der Lage fühlen, sich mit mehr als den eigenen Problemen zu beschäftigen. Engagement braucht Wohlstand und Bildung. Wenn zu wenig Menschen daran teilhaben, wird auch das Heer der Freiwilligen dramatisch schrumpfen. Und dann haben wir ein Problem.

Egoisten löschen keine Brände, sie bilden nicht den Fußballnachwuchs aus oder helfen alten Menschen. Sie fördern nicht die Gemeinschaft, sondern bringen nur mehr Egoismus hervor. Weil unsere Gesellschaft altert und auch der Mittelstand schwindet, reicht es nicht, dafür zu sorgen, dass die Engagierten nicht weniger werden. Sie müssen mehr werden. Wir müssen verhindern, dass »Problemkinder« wie Nadine und Mehmet zu Egoisten werden, weil sie denken, dass sie der Gesellschaft nichts anzubieten haben. Und wir müssen Menschen ohne deutschen Pass, Nicht-Akademiker und Hartz-IV-Bezieher in ihrem Engagement ermutigen. Am besten durch eigenes Vorbild. Denn es ist einfach nicht wahr, dass es keine Alternativen gibt. Dass es nicht anders geht. Dass man sowieso nichts tun kann. Jeder von uns hat eine Wahl. Und immer mehr von uns entscheiden sich dafür, diese Chance zu nutzen.

Literatur

Helmut Anheiner: »Dritter Sektor, Ehrenamt und Zivilgesellschaft in Deutschland«, in: Ernst Kistler u. a. (Hrsg.): Perspektiven gesellschaftlichen Zusammenhalts, Berlin 1999, S. 145–170.

Hannah Arendt: »Vita activa oder Vom tätigen Leben«, München und Zürich 1981.

Armutsbericht der Bundesregierung, Berlin 2012.

Britta Baumgarten: »Abseits in der Zivilgesellschaft: Lobby und Engagement Arbeitsloser sind schwach«, in: WZBrief Zivilengagement, Oktober 2011.

Berlin-Institut für Bevölkerung und Entwicklung (Hrsg.): »Die demografische Lage der Nation: Was freiwilliges Engagement für die Regionen leistet«, Berlin 2011.

Bericht der Enquete-Kommission »Zukunft des Bürgerschaftlichen Engagements«: »Bürgerschaftliches Engagement: Auf dem Weg in eine zukunftsfähige Bürgergesellschaft«, Deutscher Bundestag, 14. Wahlperiode, Drucksache 14/8900, 3. 6. 2002.

Betterplace lab/ING DiBa: »›Das hat richtig Spaß gemacht!‹« Freiwilliges Engagement in Deutschland«, Berlin 2013.

Sebastian Bödeker: »Soziale Ungleichheit und politische Partizipation in Deutschland«, WZBrief Zivilengagement, Berlin, April 2012.

Bundesministerium für Familie, Senioren, Frauen und Jugend (Hrsg.): »Für eine Kultur der Mitverantwortung. Erster Engagementbericht 2012«, Berlin 2012.

Bundesministerium für Familie, Senioren, Frauen und Jugend (Hrsg.): »Zivilgesellschaft, soziales Kapital und freiwilliges Engagement in Deutschland 1999–2004–2009. Hauptbericht des Freiwilligensurveys 2009: Ergebnisse der repräsentativen Trenderhebung zu Ehrenamt, Freiwilligenarbeit und bürgerschaftlichem Engagement«, Berlin 2009.

Bundesnetzwerk Bürgerschaftliches Engagement (Hrsg.): »Engagement-macht-stark! Magazin des Bundesnetzwerkes Bürgerschaftliches Engagement«, 2. Jahrgang, Ausgabe 1/2012.

Bundesverband Deutscher Stiftungen (Hrsg.): »Bürgerstiftungen in der Verantwortung. Analysen, Daten, Trends 2012/13«, Berlin 2012.

Bundesverband Deutscher Stiftungen (Hrsg.): »Engagement kennt kein Alter. Stiftungs-Report 2009/2010«, Berlin 2009.

Deutscher Paritätischer Wohlfahrtsverband Gesamtverband e. V. (Hrsg.): »Migrantendachorganisationen: Ihr Beitrag zur Mitgestaltung der Gesellschaft«, Berlin 2012.

Serge Embacher: »Baustelle Demokratie: Die Bürgergesellschaft revolutioniert unser Land«, Edition Körber-Stiftung, Hamburg 2012.

Adalbert Evers, Thomas Olk: »Bürgerengagement im Sozialstaat – Randproblem oder Kernproblem?«, in: Aus Politik und Zeitgeschichte 9/2002, S. 3–5.

Forschungsjournal Neue Soziale Bewegungen (Hrsg.): »Demokratie zwischen Krise und Erneuerung: Analysen zu Demokratie und Zivilgesellschaft«, Heft 1, Januar 2013.

Forschungsjournal Neue Soziale Bewegungen (Hrsg.): »1968 – Alles nur Geschichte? Aktualität und Folgen eines bewegten Jahres«, Heft 3, September 2008.

Generali Zukunftsfonds: »Monitor 03: Wie ältere Menschenleben denken und sich engagieren. Zentrale Ergebnisse der Generali Altersstudie 2013«, Köln 2013.

Annette Jensen: »Wir steigern das Bruttosozialglück. Von Menschen, die anders wirtschaften und besser leben«, Freiburg 2012.

Stefan Klein: »Der Sinn des Gebens: Warum Selbstlosigkeit in der Evolution siegt und wir mit Egoismus nicht weiterkommen«, Frankfurt am Main 2011.

Körber-Stiftung/next practice: »Alter neu erfinden. Ergebnisse der qualitativen Studie ›Alter: Leben und Arbeit‹ und der Netzwerkkonferenz ›Was die Deutschen wirklich über das Alter denken‹«, Hamburg 2013.

Karolina Merai, Juliane Metzner-Kläring, Susanne Schröder, Sabine Sütterlin: »Denken Fördern. Thinktanks als Instrumente wirkungsvoller Stiftungsarbeit«, Bundesverband Deutscher Stiftungen, Berlin 2011.

Gundi Nietfeld: »Sozial-kulturelle Arbeit im Wandel der Zeit: Die Geschichte des Nachbarschaftsheimes Schöneberg«, Berlin 1995.

Gisela Notz: »Die neuen Freiwilligen: Das Ehrenamt – eine Antwort auf die Krise?«, AG SPAK Bücher, Neu-Ulm 1999.

T. Öchsner: »Hartz IV – die Krux mit dem Ehrenamt«, in: Süddeutsche Zeitung vom 21. Januar 2011.

Leo Penta (Hrsg.): »Community Organizing: Menschen verändern ihre Stadt« Edition Körber-Stiftung, Hamburg 2007.

Richard David Precht: »Die Kunst, kein Egoist zu sein: Warum wir gerne gut sein wollen und was uns davon abhält«, München 2010.

Eckard Priller, Mareike Alscher, Patrick J. Droß u.a. (Hrsg.): »Dritte-Sektor-Organisationen heute: Eigene Ansprüche und ökonomische Herausforderungen. Ergebnisse einer Organisationsbefragung«, Projektgruppe Zivilengagement am Wissenschaftszentrum Berlin für Sozialforschung, Berlin 2012.

Thomas Ramge: »Nach der Ego-Gesellschaft. Wer gibt gewinnt – die neue Kultur der Großzügigkeit«, München und Zürich 2006.

Jochen Roose: »Bürgerschaftliches Engagement in Europa. Ein Vergleich«, in: Forschungsjournal für soziale Bewegungen, Jahrgang 23, Heft 4/2010, S. 19–29.

Roland Roth: »Bürgermacht: Eine Streitschrift für mehr Partizipation«, Edition Körber-Stiftung, Hamburg 2011.

Dieter Rucht: »Engagement im Wandel. Politische Partizipation in Deutschland«, in: WZBrief Zivilengengagement, Mai 2010.

Christoph Sachße: »Traditionslinien bürgerschaftlichen Engagements in Deutschland«, in: Aus Politik und Zeitgeschichte 9/2002, S. 3–5.

Jörg Schindler: »Die Rüpel-Republik. Warum sind wir so asozial?«, Frankfurt am Main 2012.

Richard Sennett: »Zusammenarbeit: Was unsere Gesellschaft zusammenhält«, Berlin 2012.

Rudolf Speth, Ansgar Klein, Sebastian Braun: »Zwischen Meier und Verein – Modernisierungspotentiale im Ehrenamt, in: Forschungsjournal Neue Sozial Bewegungen, Jahrgang 17, Heft 1/2004, S. 2–8.

Franz Walter u. a. (Hrsg.): »Die neue Macht der Bürger: Was motiviert die Protestbewegungen?«, Reinbek bei Hamburg 2013.

Harald Welzer: »Selbst Denken. Eine Anleitung zum Widerstand«, Frankfurt am Main 2013.

Wissenschaftszentrum Berlin für Sozialforschung: »Krise: Finanzsystem, Haushalte, Europäische Union, Klima«, WZB Mitteilungen, Heft 137, Berlin 2012.

Wissenschaftszentrum Berlin für Sozialforschung: »Ungleichheit. Das Drinnen und das Draußen der Gesellschaft«, WZB Mitteilungen, Heft 134, Berlin 2011.

Wissenschaftszentrum Berlin für Sozialforschung: »Vertrauen. Was die Gesellschaft und die Welt zusammenhält«, WZB Mitteilungen, Heft 135, Berlin 2012.

Bernd Wulf: »Pro Ehrenamt: Entscheidungsfinder«, Norderstedt 2008.

Weiterführende Links

www.engagiert-in-Deutschland.de
Größte Informations- und Kommunikationsplattform für bürgerschaftliches Engagement; gefördert vom Bundesfamilienministerium

www.b-b-e.de
Website des Bundesnetzwerk Bürgerschaftliches Engagement, einem Zusammenschluss von Akteuren aus Zivilgesellschaft, Staat und Wirtschaft. Enthält Adressen, Veranstaltungen, Themendossiers und Publikationen zum Thema.

www.tafel.de
Website des Bundesverbands Deutsche Tafel e. V.

www.dhpv.de
Informationen rund um das Thema Sterbehilfe auf der Website des Deutschen Hospiz- und PalliativVerbands

www.wandelstiften.de
Netzwerk, in dem sich »alternative« Stiftungen zusammengeschlossen haben, die dem Grassroot-Gedanken verpflichtet sind, z. B. die Bewegungsstiftung.

www.die-deutschen-bürgerstiftungen.de
Website der Initiative Bürgerstiftungen

www.stiftungen.org
Website des Deutschen Stiftungsverbands

www.zukunftsfonds.generali-deutschland.de
Gedanken, Studien und Konzepte zum Thema demographischer Wandel

www.koerber-stiftung.de
Die Hamburger Stiftung versteht sich als Knotenpunkt der Zivilgesellschaft, sie gibt u. a. eine Buchreihe zum bürgerschaftlichen Engagement heraus.

www.dico-berlin.de
Das Deutsche Institut für Community Organizing ist Schirmherrin der Community-Plattformen.

www.bundes-freiwilligendienst.de
Information zum neuen Freiwilligendienst, herausgegeben vom Bundesfamilienministerium

www.blueeconomy.de
Die Blue-Economy-Initiative fördert nachhaltiges Unternehmertum.

www.protestinstitut.eu
Hier informiert das in Gründung befindliche Institut für Protest- und Bewegungsforschung über die wissenschaftliche Erforschung von Bürgerprotesten.

www.bundestag.de/buergerschaftliches-engagement.de
Internetauftritt des Parlamentarischen Unterausschusses »Bürgerschaftliches Engagement«